Editorial

Foto: privat

Liebe Pferdefreunde,

die Wahrnehmung unserer Pferde ist wesentlich feiner als unsere eigene. Sie sind empfindlicher auf Lärm und Gerüche. Wenn wir etwas wahrnehmen, haben unsere Pferde schon lange erkannt, was es ist, und reagieren darauf. In unserer informationsgesteuerten Welt mit ihren Technologien sind es auch Strahlen, die die Gesundheit unserer Pferde gefährden. Sabine Barth zeigt auf, welche Strahlungen unseren Pferden zusetzen können.

Dass Pferde uns in unserer Entwicklung stark beeinflussen und uns dabei unterstützen können, ist klar, seitdem es pferdegestütztes Coaching gibt. Alexandra Rieger erklärt, wie das Pferd uns mit seiner Energie zur inneren Stärke führen kann und welche Rolle dabei die Spiritualität spielt.

Lukas Umbach macht klar, worauf es bei einem guten Trainer ankommt und wie man gutes Training im Sinne des Pferdes erkennt. Die Natural Horse war bei einem Seminar von Hans-Jürgen Neuhauser über gymnastizierende Führübungen dabei, und ich muss sagen: Wer seine eigene Balance im Inneren noch nicht gefunden hat, wird sein Pferd im Außen nicht klar führen können. Ich arbeite seit mehr als 45 Jahren mit Pferden und war erstaunt, was man nicht noch alles mit Pferden lernen kann und wie wenig Balance ich habe. Ein tolles Seminar bei Hans-Jürgen Neuhauser, das mir gezeigt hat, dass ich meine Arbeit mit Pferden überdenken muss.

Schon in der letzten Ausgabe haben wir uns mit der Puls- und Zungendiagnostik befasst. Diesmal informiert Janna Strehlau über die Irisanalyse, die durch kleine Hinweise im Auge über die Pferdegesundheit Auskunft geben kann.

PSSM – diese Erkrankung wurde lange Zeit nur bestimmten Rassen zugeordnet. Elke Malenke nimmt sich des Themas an und klärt auf, woher sie kommt und wie man sie einordnen kann.

Sandra Kitzmüller beschreibt diesmal in ihrer Kolumne das Scheuen aus der Sicht des Pferdes und wie man als Mensch dem Pferd helfen kann.

Weiden gibt es in verschiedenen Formen. Christina Fritz widmet sich den verschiedenen Weideformen, ihren Vor- und Nachteilen und welche dadurch für das eigene Pferd passen kann.

Mineralstoffe sind essenzielle Zellenbooster, nicht nur für Menschen, sondern auch für unsere Pferde. Elke Malenke hat ein kleines Mineralstoff-ABC zusammengestellt, das in den nächsten Ausgaben als Kolumne erscheint.

Im Schwerpunkt dieser Ausgabe geht es um ein Thema, das immer wieder polarisiert – der Sperrriemen. Kritiker sagen dazu auch „Versperrriemen". Gerüchten zufolge soll der Sperrriemen eine Erfindung des Militärs sein um das Pferd im Gefecht – im Falle eines Sturzes – vor Kieferbrüchen zu schützen. Das älteste Bilddokument eines kombinierten Reithalfters mit Sperrriemen, das gefunden werden konnte, stammt von den olympischen Reitwettbewerben in Stockholm 1956 und zeigt den US-amerikanischen Springreiter Frank Chapot deutlich erkennbar mit einem kombinierten Reithalfter. Wir wollten jedoch die Sinnhaftigkeit dieses Zubehörteiles hinterfragen und deshalb hat Kirsten Fleiser Experten dazu befragt. Auch wenn bei den Meinungen durchwegs gute Gründe auftauchten, sind wir bei der Natural Horse ganz klar der Meinung, dass der Einsatz eines Sperrriemens ein No-Go ist, weil die Gefahr zu groß ist, dass er gesundheitsgefährdend eingesetzt wird. Ralf Döringshoff und Yve Ehler haben sich der anatomischen Seite angenommen und erklären die Auswirkungen bei zu enger Verschnallung – auch mental.

Stephanie Reineke klärt über eine Therapie auf, die sanft wirkt und das Pferd entspannen kann – die Neurofasziale Regulationstherapie.

Pferde sind unsere Energie und unser Herzblut. Es liegt in unserer Verantwortung als Pferdebesitzer und Halter, ihnen das Leben so angenehm und schön wie möglich zu machen. Der Lohn ist, Tag für Tag einen Freizeitpartner zu haben, der seine Zeit gern mit seinem menschlichen Freund verbringt. Kann es etwas Schöneres geben?

Mit pferdisch-empathischen Grüßen

Eure Martina Kiss

PS: Wir freuen uns immer über Kritik und Zuschriften als Feedback auf Natural Horse (redaktion@naturalhorse.de)!

Inhalt

04 Pferde im Energiefeld unserer Zeit

Foto: Christiane Slawik, Grafik: Eva Lakas

26 Pferde-Irisanalyse

Foto: Christiane Slawik

44 Welche Weideform passt für mein Pferd?

Foto: Christiane Slawik

64 Auswirkung des Sperrriemens

Foto: Christiane Slawik

PFERDE IM ENERGIEFELD UNSERER ZEIT

Wie Elektrosmog sie beeinflusst

von Dr. Sabine Barth

Foto: Christiane Slawik, Grafik: Eva Lakas

Pferde sind feinfühlige Lebewesen. Sie sind sensitiv auf viele Einflüsse und ganz besonders Strahlung macht ihnen zu schaffen. Jede Art von Strahlung, wie die von Hochspannungsmasten, Funkmasten oder unseren Handys, können ihr Energiefeld stören, und sind sie dem auf Dauer ausgesetzt, kann das zu körperlichen oder mentalen Problemen führen.

„Was ist nur mit den Pferden los? Sie stehen so unter Strom, ein ‚normaler' Unterricht wie letztes Jahr ist fast nicht mehr möglich." – Zitat eines achtsamen, sensiblen Reitlehrers und Pferdeausbilders. Er sagte jeglichen Unterricht ab, da es für ihn keinen Sinn mehr ergab. Die Pferde können sich nicht mehr konzentrieren, sind überfordert mit Neuem. Oftmals können sie sogar Altes, Gelerntes und sicher Etabliertes nicht mehr abrufen, auch kommt es zu immer mehr Verhaltensauffälligkeiten. Die Pferde und ihre Besitzer sind schlichtweg überfordert und kommen an ihre Grenzen im harmonischen Miteinander. Viele Pferdebesitzer haben den achtsamen Umgang gelernt, achten bei ihren Pferden auf gute Ernährung, ausreichend Koppelgang und viel Freude und Ausgleich beim Reiten und Training. Was hat sich schleichend so verändert, dass es unsere Pferde und uns so sehr stresst? Ganz einfach: Wir leben in einem technischen Zeitalter und die Digitalisierung und der Wunsch nach ständiger Erreichbarkeit und immerwährender Internetnutzung fordert ein flächendeckendes Funknetz wie 5G. Das bedeutet, wir haben einen steten Anstieg an Elektrosmog.

Elektrosmog bedeutet elektromagnetische Strahlenbelastung für den Planeten und seine Bewohner. Es sind Strahlungen, die in der Natur so nicht vorkommen, sondern vom Menschen technisch erzeugt werden. Auch wenn wir unsere Geräte ausschalten, sind wir ununterbrochen diesen Feldern ausgesetzt. Es gibt mittlerweile weltweit Tausende von wissenschaftlichen Untersuchungen über die Einwirkung von Strahlungen auf biologische Prozesse. Aufgrund der erschreckenden Erkenntnisse warnen Experten vor einem weiteren Ausbau. Körperliche Auswirkungen sind zunehmender Zellstress, Entzündungen, Staus im Lymphsystem und Herz-Kreislauf-Störungen. Das ursprüngliche gesunde basische Milieu wird dauerhaft gestört, sodass eine Regeneration des Körpers immer anspruchsvoller wird. Mit diesen Herausforderungen sind wir und unsere Pferde in höchstem Maß konfrontiert.

GANZHEITLICHE BETRACHTUNGSWEISE

Wenn wir unsere Sichtweise auf die energetischen ganzheitlichen Abläufe in den Pferdekörpern richten, können wir leichter die ganzheitlichen Zusammenhänge und auch Lösungsansätze erkennen.

Das Schlüsselorgan eines Pferdes ist sein Herz. Nach der Befruchtung einer Eizelle bilden sich als Erstes die Zellen, die das Herzorgan aufbauen. Diese Zellen sind von Anfang an über winzige Energiekanäle mit der Lebensenergie (dem Chi, Prana, Äther ...) verbunden. Diese ersten Energiekanäle sind symmetrisch angeordnet und veranlassen das Pulsieren des Herzens.

Das Herz ist nicht nur der Motor der körperlichen Funktionen des Pferdes. Die Herzenergie strahlt auch auf die gesamte emotionale Stabilität des Pferdes und seine Umgebung aus. *Foto: Christiane Slawik*

Ist die Sonne zu heiß, wendet sich die Herde dem kühlenden Schatten der Bäume zu und grast unter ihnen. So werden Yin- und Yang-Kräfte ausgeglichen. *Foto: Christiane Slawik*

Die Lebensenergie gibt die ersten Impulse zum Herzschlag. Ohne Lebensenergie wäre ein Leben nicht möglich. Um das Herz bildet sich durch den erstmals harmonischen Energiefluss ein Magnetfeld. Dieses Magnetfeld schützt einerseits das noch winzige Organ, andererseits zieht es Substanzen aus der Erde (Elemente) an, die für die Weiterbildung des Herzens und des gesamten Fötus zuständig sind. Auch ist dieser Fötus geschützt durch die energetischen Felder der Stute und ihren Körper. Nach der Geburt wird das Fohlen mit dem Erdmagnetfeld der Erde verbunden. Seine Energiebahnen werden mit den Energiebahnen (Meridianen) der Erde in einer gesunden Ausrichtung gehalten, sodass ein *Flow* entsteht. Diesen *Flow* können auch wir in unserem Leben wahrnehmen. Es stellt sich ein angenehmes Gefühl ein, das mit dem Urvertrauen verbunden ist. Wir fühlen uns geborgen und sicher. Man kann auch sagen, dass Yin- und Yang-Kräfte im Einklang sind. Es folgt ein gleichmäßiges Strömen der Energien im Körper, das ebenfalls einen Ausgleich der Elemente Erde, Wasser, Feuer, Luft und mit dem Äther gewährleisten. Kurz gesagt, ein solches Lebewesen ist gesund. Lebensfreude und Lebenskraft stärken das Herz und die energetischen und physischen Kreisläufe.

WIEDERHERSTELLEN DES ENERGIEFLUSSES

Sobald wir oder unsere Pferde dieses gute *Flow*-Gefühl nicht mehr spüren, sollten wir etwas ändern. Ein Beispiel: Eine Gruppe grasender Pferde auf einer schönen Streuwiese, sie fühlen sich wohl und sicher. Sobald allerdings die Sonne zu stark und stichig herabscheint, werden sie unruhig. Yin und Yang sind nicht mehr im Einklang, da die Chakren (Energiezentren) sich verengen und somit sich der Zustrom der Lebensenergie vermindert. Die Energieströme in den Meridianen werden weniger. Dieses energetische Ungleichgewicht und Defizit spüren sensible Pferde sofort. Das sich bildende unangenehme Gefühl erweckt in den Pferden den Wunsch, einen Schattenplatz aufzusuchen. Können sie dem Wunsch nachgehen, weiten sich die Chakren, Lebensenergie kann einströmen und die inneren Energieströme beginnen wieder zu fließen. Das Pferd fühlt sich wieder wohl, entspannt und sorgt durch dieses Verhalten für seine Gesundheit. Ein Fohlen lernt diese Abläufe im Schutz seiner Mutter. Es lernt, sich auf sein gesundes Gefühl zu verlassen, das ihm Sicherheit bietet. Dieses Gefühl ist nichts anderes als das Fließen von Liebe. Dieser *Flow* sollte nicht unterbrochen werden, denn er ist die Basis für ein gesundes und glückliches Leben.

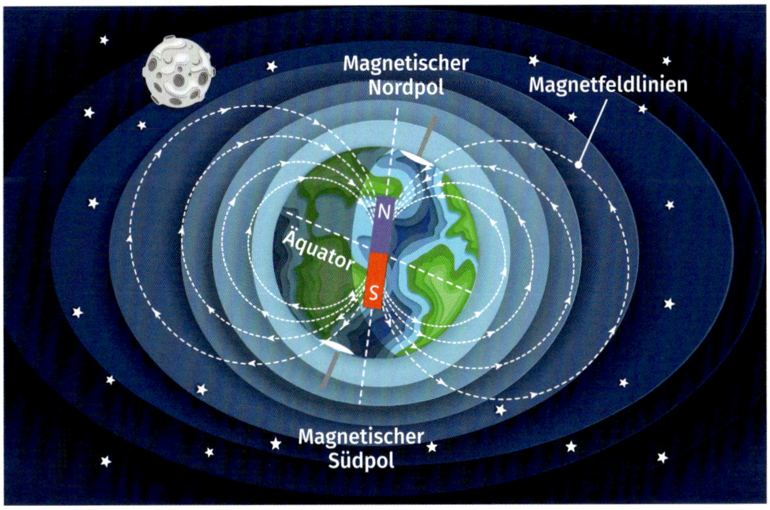

Die Erde verfügt über ein starkes, harmonisches Magnetfeld, das durch den Nord- und Südpol geschaffen wird. *Grafik: www.adobestock.com/Siberian Art*

WIE KOMMT DER *FLOW* ZUSTANDE?

Dazu ist eine Betrachtung der energetischen Gesamtabläufe unseres Planeten, der Erde, und uns Lebewesen nötig. Ursprünglich lebten alle Lebewesen im Einklang mit der Erde. Wie ein großer Magnet werden die elektrischen Plus- und Minusteilchen entlang von Energiebahnen geleitet. So kann sich ein großes elektromagnetisches Feld um unseren Planeten bilden. Dieses Feld sorgt einerseits dafür, dass aggressive extraterrestrische Strahlung abgehalten bzw. vermindert wird. Andererseits können Gefahren aus dem All wie Meteoriten, Asteroiden durch das abstoßende Magnetfeld umgeleitet werden. So bleibt die Erde mit ihren Bewohnern weitgehend verschont. (Zugvögel und Wale richten sich an diesen Magnetfeldern aus und finden so immer wieder nach Hause.)

Jedes Lebewesen kann sich mit dem Erdmagnetfeld energetisch abgleichen. Das bedeutet, die eigenen elektrischen Ströme können frei fließen und der Zugang zur Lebensenergie ist unermesslich. Entspannung ist ein wichtiger Faktor. An Kraftorten spüren wir diesen Ablauf sehr deutlich.

ESSENZ HERZENERGIE

Die Lebensenergie durchläuft einmal innerhalb von 24 Stunden den gesamten Körper unserer Pferde über die Meridiane. Die Chakren sind die Eingangstore der Lebensenergie in den Körper. Die Lebensenergie bringt nicht nur Energie, sondern auch lebensnotwendige Informationen in Form von Licht (Lichtquanten). Dazu gehören auch das lebensspendende Sonnenlicht, das Licht der Planeten und das der Pflanzen. Letztes wird mit der Nahrung aufgenommen. Alles spielt zusammen und ist in gesunden Maßen lebenserhaltend. So kann sich ein gesundes Herz entfalten und seine Kraft entwickeln. Es schlägt kräftig. Das Herz ist das wichtigste Organ. Es hat vielerlei Funktionen. Das Herz bringt nicht nur den Sauerstoff ins Blut, es verbreitet

Sind die Lebensumstände des Pferdes artgerecht, kann die Herzenergie fließen und das Pferd ist mental ausgeglichen und gesund. *Foto: Christiane Slawik*

dieses und Lebensenergie sowie Informationen im ganzen Körper. Das Pulsieren eines Herzens baut auf energetischer Ebene ein starkes elektromagnetisches Feld auf. Dieses bildet die Aura und sorgt für den Schutz des Pferdes. Es sorgt dafür, dass das Pferd spürt, wenn es aus seiner Mitte fällt, Gefahr droht oder etwas zu unternehmen ist. Man spricht auch von Herzintelligenz, die von Natur aus gegeben ist. Wir müssen diese im Lauf der Zeit nur aufrechterhalten und weiterentwickeln. Durch die unnatürlichen Begrenzungen des Menschen haben unsere Pferde allerdings nur selten die Möglichkeit, dieser Intelligenz zu folgen. Der Mensch trifft für das Pferd die Entscheidungen.

Die Herzkraft eines Pferdes ist nicht zu unterschätzen. Messungen beim Menschen haben ergeben, dass dessen elektromagnetisches Feld 5000-fach stärker ist als das des Gehirns. Das Herz kommuniziert mit allen Organen des Körpers. So kommuniziert auch unser Pferd über seine Herzschwingungen. Wenn sein Herzmagnet mit einem Ort oder Sender disharmonischer Energie in Berührung kommt, wendet es sich ab und geht woandershin. Pferde spüren, wenn ihnen etwas nicht guttut und sie an Herzkraft verlieren würden.

Der Schlüssel für ein gesundes Pferd liegt in erster Linie darin, wo und wie es lebt. Jedes Pferd würde automatisch für sich und seine Herde einen Kraftort wählen. Leider werden diese Kraftorte immer weniger und jeder Pferdebesitzer steht vor weiteren Herausforderungen: Die technischen elektromagnetischen Felder (E-Smog) stören die natürlichen Energie- und Magnetfelder der Pferde, von uns und auch die der Pflanzen. Wenn die Tiere diesen Feldern dauerhaft ausgesetzt sind, können sie nicht mehr regenerieren. Der natürliche Zugang zur Lebensenergie wird immer weiter vermindert. Ein dauerhafter Einsatz von therapeutischen, lebenserhaltenden Maßnahmen wird immer notwendiger.

BEEINTRÄCHTIGUNG DURCH ELEKTROSMOG

Was ist Elektrosmog und wieso ist er so schädlich? Elektrosmog ist überall dort, wo Strom fließt. Es entstehen sogenannte elektromagnetische Felder (EMF) und diese sind in jedem Verteilerkasten, in Strom- und Elektrogeräten. Auch medizinische Produkte, die mit Strom betrieben werden, erzeugen EMF und müssten ebenfalls wieder entstört werden. Sie sollten nicht im Dauerbetrieb verwendet werden, sondern nur in einem kurzen Zeitraum der Rehabilitation (Magnetfelddecken).

Sind Pferde längerer Zeit EMF-Feldern ausgesetzt, kommt es zu gesundheitlichen Problemen – sowohl mental als auch körperlich. Deshalb sollte man vermeiden, Weiden oder Offenställe unter Hochspannungsmasten anzulegen. *Foto: Dr. Sabine Barth*

Starke EMF-Felder entstehen unter Hochspannungsleitungen. Die Pferde, die dauerhaft diesen Feldern ausgesetzt werden, verlieren drastisch an Lebensenergie. Sie können ihr eigenes Energiefeld aus eigener Kraft nicht mehr aufbauen und halten. Bauernhöfe mit Rinderhaltung, die auch diesen Felder ausgesetzt sind, haben nachweislich eine erhöhte Anzahl an Miss-/Fehlgeburten und Krankheiten im Stall.

Durch elektromagnetische Strahlung (EMS) steigt die E-Smog-Belastung um ein Vielfaches: Mobilfunkmasten (4G, LTE, 5G), WLAN, Bluetooth, kabellose und digitale Geräte wie Handys, Smartphones, Tablets, Laptops, E-Reader und vieles mehr. Mittlerweile wird von Satelliten 5G auf die Erde gestrahlt, um möglichst viel Fläche abzudecken. Das ist auch ein Grund, weshalb das Endmagnetfeld immer mehr gestört wird und es weniger Kraftorte gibt.

Auf energetischer Ebene werden die Yin- und Yang-Kräfte durch die störenden Magnetfelder aus dem Gleichgewicht gebracht, die Energieströme werden von ihren gesunden Energiebahnen „abgelenkt". Das Energiesystem des Pferdes ist dauerhaft gestört und das Pferd fühlt sich gestresst. Dieses gestresste Milieu kann sich bis in die Zellen fortsetzen und jegliche positive Zellteilung vermindern. Bei einem gesunden Pferd wird den Zellen ständig Licht und Energie zugeführt. Das fördert wiederum die Ausstrahlung des Pferdes (Messung der Biophotonen) und stärkt die Herzkraft und das eigene gleichmäßige Schutzmagnetfeld. E-Smog zieht Energie und nimmt die Kraft. Was können wir tun? Es ist nicht ganz einfach, allerdings sind kleine achtsame Schritte enorm wirksam. Wir können uns fragen: Was schwächt unsere Pferde und was können wir ändern, um sie zu stärken? Wie können wir ihre Herzkraft stärken?

CHECKLISTE

Jeder kann eine Liste machen und schauen, wo sein Pferd einer E-Smog-Belastung ausgesetzt ist:

Stall und Haltung:

- Wo liegt der Stall?
- Sind Verteilerkästen in der Nähe?
- Gibt es Elektroleitungen unter dem Dach (Solaranlagen)?
- Ist WLAN eingeschaltet? Wenn ja, kann ich es ausschalten? Kann das Pferd geräumig ausweichen?
- Wie liegen die Weiden/Koppeln? Ist genügend Schutz vor kosmischer und Sonnenstrahlung (zu starker Sonnenaktivität) vorhanden?
- Ist ein Funkmast in der Nähe?
- Sind Starkstrommasten in der Nähe? Wenn ja, wie fühlt es sich an? Ein sensibles Pferd fühlt diese Felder und ist nicht glücklich damit.
- Ist dauerhafter Zugang zu gutem Trinkwasser gegeben?
- Ist ausreichend Heu vorhanden? Pferde hören mit dauerhaftem gierigem Fressen auf, wenn sie wissen, dass sie nicht hungern müssen.
- Ist die Koppel groß genug, dass die Pferde sich austoben können? So können sie leichter mit Elektrosmog umgehen.

Mögliche Lösungen für Mensch und Pferd:

- Sich und seinem Pferd eine Smartphone-freie Zeit zu gönnen. Beim Ausreiten kann das Handy mitgenommen werden, muss es aber angeschaltet sein?
- Die eigene Aufmerksamkeit ganz seinem Pferd widmen.
- Einen Kraftort für sich und sein Pferd erschaffen.
- Bäume bieten Schutz und Ruhe.
- Holzunterstände sind geeigneter als Unterstände mit Metallverstrebungen. Letztere verstärken den E-Smog. Mit Kristallen und Steinen, an passenden Orten platziert, kann man die Kraft der Erde verbessern.
  Wenn das nicht möglich ist, ist vielleicht ein Stallwechsel nötig.

ES GEHT AUCH ANDERS ...

Eine wunderbare Erfolgsgeschichte: Wir haben Pferde seit über 20 Jahren. Und wir sind oft umgezogen, was anstrengend und sehr nervig war. Doch die Krankheiten der Pferde und Ponys haben uns dazu gebracht, zu erkennen, was zu ändern ist – von der Fütterung, den Ausbildungen, den Mitmenschen und ihren Tieren, dem Ort an sich. Viele Schritte, Erkenntnisse und Taten waren nötig.

Jetzt sind wir angekommen: Die Tiere leben frei im Wald mit altem Baumbestand und Sträuchern, Hügeln, Streuwiese und Wasser. Ein großes Schutzzelt, dauerhaft befüllte Heuraufe sowie Zusatzfutter nach Notwendigkeit stellen wir zur Verfügung.

Dieser Ort liegt so geschützt, dass äußere unnatürliche Einflüsse weitgehend ausgeschlossen werden können. Sie können vollständig „regeneriert" im Schutz der Natur und im Einklang mit den Elementen leben. Wir sorgen nur dafür, dass dieser Ort erhalten und erweitert werden kann. Auch im Winter ist die große Weide offen, bei ungemütlichem Wetter gehen die Pferde in den dichten Nadelwald, viel lieber als ins Zelt. Auch die ehemalig chronischen Hufrehe-Shettys sind gesund. Sie können die Futtermenge, das Futter, die Grasmenge, ihre Bewegung und so weiter selbst wählen. Meine Spanier (ehemals verhaltensgestört und sehr anfällig) brauchen keine Decke mehr, sind voll bemuskelt und erfreuen sich am stürmischen Tanz durch den natürlichen Wald. Sie sind schnell, wendig und locker. Die Tiere haben einen neuen Rhythmus entwickelt, wann sie fressen, schlafen, sich kraulen oder spielen – was für ein Erfolg!

Wir lernen derzeit von unseren Pferden, auf unser Herz zu hören. Elektronische Geräte lassen wir ausgeschaltet im Auto. Für uns ist alles leicht und einfach geworden.

Dr. Sabine Barth ist Naturwissenschaftlerin und vieles mehr. Sie berät und hält Vorträge rund um das Thema Schwingungen und Frequenzen, Schutz und Gesundheit für Pferde. Für Tiere (insbesondere Pferde) hat sie energieregulierende Kristalldecken entwickelt, um die Selbstheilungskräfte anzukurbeln und die Tiere zu schützen. Sie ist Entwicklerin und Begründerin der Frequenztherapie mit Piezobalance®-Kristalldecken.
www.piezobalance.de

Quellen:
https://www.memon.eu/media/db/3b/0c/1663172092/Studienboard%20Elektrosmog_2022.pdf
https://www.heartmath.org/research/science-of-the-heart/

Mit dem Pferd zur inneren Stärke

durch Energie und Spiritualität

von Alexandra Rieger

Foto: Christiane Slawik

Pferde dienen uns in der heutigen Zeit nicht mehr als Transportgerät. Ihre Aufgaben sind weitgefächerter und ihre Signale sind sehr fein. Durch diese kaum wahrnehmbaren Zeichen geben sie Menschen die Möglichkeit, ihre eigene Wahrnehmung zu schulen, sich seelisch weiterzuentwickeln und zur eigenen Stärke zu finden. Dazu gehört, dass der Mensch lernt, sich auf die Urkraft des Pferdes einzulassen. Diese Urkraft drückt sich auf verschiedenen Ebenen aus: auf der physischen, der geistigen und der seelischen Ebene. Begibt sich der Mensch auf diese Ebenen, erfährt er, wie die Beziehung zu seinem Pferd – und zu seiner Umwelt – inniger wird.

Man kann dem Pferd auf drei unterschiedlichen Ebenen begegnen, auf der physischen, auf der seelischen und/oder auf der geistigen. Die Begegnung auf rein körperlicher Ebene ist gekennzeichnet durch Anstrengung, Kampf, Unterwerfung. Die Begegnung auf seelischer Ebene ist leicht, spielerisch und von Freude gekennzeichnet. Die Begegnung auf geistiger Ebene ist eine Begegnung der innigen Verbindung, des Seins und des Glücks. So wie wir dem Pferd begegnen, so begegnen wir auch dem Leben, und so sind dann auch die analogen Erfahrungen.

Begegnet der Mensch dem Pferd auf der rein physischen Ebene und versucht sich durch physische Maßnahmen verständlich zu machen, stellt er schnell fest, dass seine Einwirkmöglichkeiten sehr begrenzt sind. Daraufhin entscheiden sich viele Menschen, die Maßnahmen immer gröber zu wählen, bis das Pferd sich unterwirft oder im umgekehrten Fall sich auflehnt und rebelliert. Zu einem langfristigen Ergebnis führen diese Vorgangsweisen nicht, denn das Pferd liest nur die inneren Qualitäten, die der Mensch hat. Nehmen wir folgendes Beispiel: Der Mensch geht auf das Pferd zu mit der Absicht, es von der Stelle fortzubewegen, wo es sich gerade befindet. Ist der Mensch nicht „anwesend", klar und standhaft, wird das Pferd ihm nicht folgen. Das lässt im ersten Moment den Menschen ratlos erscheinen, da er erkennt, wie wenig Kraft in einer physischen oder auch verbalen Kommunikation liegt. Im Alltag ist es in erster Linie die verbale Kommunikation, mit der wir untereinander interagieren. Erkennt der Mensch, dass er auf der physischen Ebene nichts erreicht, beginnt er sich seiner bewusst zu werden und es setzt der Lernprozess ein.

Dem Menschen wird bewusst, dass Kommunikation weit über das Physische hinausgeht und er eine energetische Ausstrahlung besitzt. Diese Ausstrahlung kann er ungeschult nicht sehen. Er kann sie jedoch erfühlen. Nennen wir es einen „energetischen Raum", den der Mensch immer besser erfühlen kann, um so ein klares Bewusstsein seines Raumes zu erlangen. Ist dieser erste Raum erkannt, wird es möglich, die inneren Räume zu erforschen. Solange der Mensch nur eine intellektuelle Kenntnis von seinem Raum, der ihn umgibt, hat, so lange ist es für ihn schwierig, sich sicher in diesen inneren Räumen zu bewegen.

Pferde nehmen solche Energien deutlicher als materielle Dinge wahr. Für das Pferd ist reeller, was es erfühlt, als jenes, was physisch sichtbar ist. In der Begegnung mit dem Pferd testet das Pferd den Menschen sofort, ob dieser seine „Außenlebenssphäre" kennt. Man spricht auch von der Dynamik des „Wer bewegt wen?".

Sieben innere Räume

Ist dieser erste Schritt geklärt, erfährt der Mensch, dass er über mindestens sieben innere Räume verfügt. Um uns in diesen inneren Räumen orientieren zu können, haben wir nicht, wie in der physischen Welt, unsere Sinne zur Verfügung, sondern müssen uns ganz und gar auf unser Erfühlen stützen, bis in uns sich immer mehr die geistigen Sinnesorgane herausbilden und wir in der Lage sind, geistig zu sehen. Das ist die Imagination. Das geistige Hören ist die Inspiration. Das Erfassen höherer Weisheit ist die Intuition.

Im ersten Raum findet der Mensch einen Zugang zur inneren Sicherheit, Geborgenheit und Gesundheit. Findet der Mensch Erfüllung seines ersten menschlichen Grundbedürfnisses, nämlich das der Sicherheit, ist das der erste und wichtigste Schritt. Das Pferd fordert auf physischer Ebene auf, dass der Mensch anwesend ist. Er besitzt seinen Körper, indem er diesen von innen wahrnimmt. Mit dem Pferd erfährt der Mensch, dass es exakt überprüft, inwieweit dieses „Im-Körper-Sein" tatsächlich ein Seinszustand ist oder ob der Mensch nur denkt, anwesend zu sein. Im Seinszustand ist es möglich, den ersten Raum bewusst zu betreten. Dort findet man die Qualitäten der Standhaftigkeit und inneren Stabilität, die Voraussetzung sind, um in die weiteren Räume vordringen zu können. Diese Qualitäten sind notwendig, um Projekte zu realisieren. Während der Realisierungsphase eines Vorhabens entsteht meist eine Zeitspanne, in der im Außen scheinbar nichts geschieht. Hat man in dieser Phase nicht das notwendige „Standing", gibt man vorzeitig auf, ohne zu wissen, dass man ganz knapp vor dem Ziel war. Das Standing bewirkt, dass man seine Position auf privater wie beruflicher Ebene besser vertreten kann.

Um ein Gefühl für die inneren Räume zu bekommen, ist es hilfreich, sich seinen äußeren Raum vorzustellen. Dies ist durch das Zeichnen eines Kreises um sich herum mit einer Gerte oder Stick sehr hilfreich. *Foto: Archiv*

Sobald sich der Mensch in der Natur und in der Gegenwart des Tieres befindet, empfindet er eine angenehme Energie. Diese Energie nimmt der Mensch zunächst unbewusst wahr, wenn er dem Pferd auf der rein physischen Ebene begegnet. Da das Pferd über eine starke Seele und dadurch über eine starke Außenlebenssphäre verfügt, ist das für jeden Menschen stark spürbar. Jeder, der mit Pferden in Kontakt gekommen ist, wird bestätigen, dass er augenblicklich in der

Gegenwart des Pferdes ein wohltuendes, inniges, wärmendes Herzensgefühl verspürt.

Pferdebesitzer sagen in aller Regel aus: Wenn ich bei meinem Pferd bin, ist die Welt in Ordnung. Das liegt daran, dass das Pferd eine sehr hohe Energieschwingung besitzt. Der Mensch, der dem Pferd auf Seelenebene begegnet, nimmt sie viel stärker wahr und beginnt dieses Gefühl zu intensivieren, eine Beziehung auf Seelenebene herzustellen. Der Mensch erkennt das Pferd bereits als Seelenspiegel. Der Umgang mit dem Pferd ist auf dieser Ebene inniger. Der Mensch kann ganz bewusst diese hohe Energie für seine eigene Entwicklung nutzen und damit auch das Pferd wiederum stark in seiner Entwicklung fördern. Es ist der Geist der Akzeptanz, dem wir in diesem Raum begegnen.

Der zweite Raum ist jener der seelischen Heilung. Der Mensch kommt mit seinen seelischen Verwundungen in Kontakt, um diese heilen zu können. In der Live-Begegnung mit dem Pferd geschieht es auf eine sanfte und natürliche Weise.

Wie oft geschieht es, dass der Mensch in der Interaktion mit dem Pferd schnell an seine emotionalen Grenzen stößt und dem Pferd die Schuld für das „Nichtfunktionieren“ gibt?

In den meisten Fällen stehen die Ungeduld und das Unvermögen des Menschen im Vordergrund. Ist sich der Mensch dessen nicht bewusst, wird er emotional reagieren und die Situation schaukelt sich im schlimmsten Fall hoch und eskaliert. Begegnet der Mensch dem Pferd auf geistiger Ebene, erkennt er, dass dieses „Nichtfunktionieren“ ein wertvoller Ratgeber sein kann, indem sich der Mensch seiner negativen Glaubenssätze bewusst werden kann. Nur durch das Bewusstwerden kann sich der Mensch daraus befreien und hat neue Ressourcen zur Verfügung. Im zweiten Raum findet der Mensch die Erfüllung seines zweiten Grundbedürfnisses nach emotionaler Stabilität, die ihn lehrt, mit negativen Emotionen umgehen zu können. Hier begegnen wir dem Geist der Geduld.

Im dritten Raum erkennt der Mensch seinen Platz im Leben. Er findet auf sozialer so wie auf privater Ebene seine Position.

Was der Mensch sich in unserer außen gesteuerten Welt an Wahrnehmung wieder hart erarbeiten muss, nimmt das Pferd in Sekundenschnelle wahr. *Foto: Archiv*

Das dritte große Grundbedürfnis nach sozialer Anerkennung wird in diesem Raum erfüllt. Es geht hier um das von allen alten Reitmeistern geforderte „Aufgerichtetsein". Es ist ein Aufrichten der „inneren Wesensglieder": das Denken, Wollen und Fühlen, damit das Handeln kohärent sein kann. Dieses „Aufgerichtetsein" kann nicht durch äußere Maßnahmen erreicht werden, wie wir es oft im Reitunterricht erfahren, indem der Reitlehrer unermüdlich und ständig darauf hinweist, dass der Schüler sich doch aufgerichtet in den Sattel setzen soll. Hier ist es der Geist der Ernsthaftigkeit.

Im vierten Raum findet der Mensch eine innere Ordnung. Diese Ordnung ist ein „Sich-verbinden-Können", und zwar nicht mit äußeren Hilfsmitteln wie Führleine, sondern ein Sich-Verbinden auf Herzebene, sodass das Pferd dem Menschen aus freien Stücken folgen will. Das Pferd folgt der unsichtbaren Kraft des Herzens. Es ist die Begegnung mit dem Geist der Ordnung. Das vierte wichtige Grundbedürfnis ist das Gefühl, Teil einer Gemeinschaft zu sein, das Gefühl der Zugehörigkeit.

Der fünfte Raum ist der Raum der inneren Macht. Der Mensch erkennt in diesem Raum, dass es eine Energie gibt, die kraftvoller ist alle physische Energie. Die Herzenergie, die man im vierten Raum erringt, ermöglicht im fünften, durch Klarheit und Sanftheit das Pferd ganz und gar zu gewinnen, und es braucht keine physische Kraft mehr. Hier begegnet man dem Geist der Kraft.

Der sechste Raum ist die Eingangspforte in die im Menschen lebende geistige Weisheit, sodass der Mensch eine direkte Führung aus dieser Ebene heraus erfährt. Das macht sich so bemerkbar, dass der Mensch keine Techniken mehr im Umgang mit seinem Pferd benötigt, denn durch die Fähigkeit der Intuition leitet nun das Pferd den Menschen an. Der Mensch lernt im Spiel, in der direkten Interaktion mit dem Pferd. Hier begegnet man dem Geist der Weisheit.

Der siebte Raum bringt den Menschen in Kontakt mit der höchsten Energie und er kann daraus erkennen, wie er helfen, sprich dienen darf und kann. Wir begegnen dem Geist der Liebe.

Im fünften, sechsten und siebten Raum erwachen „neue Bedürfnisse" im Menschen.

Diese können erst erwachen, wenn die ersten vier befriedigt sind. Diese sind, innerlich zu wachsen und sein Leben nach eigenen Vorstellungen zu erschaffen und zu helfen.

Das Pferd – dein Krafttier
Mit der Energie der Pferde in die eigene Kraft finden
ISBN: 978-3-95847-799-5
ebook
€ 12,99

Erhältlich ab Dezember 2023
auf www.crystal-verlag.com

Alexandra Rieger ist die Gründerin von Raidho Healing Horses und Autorin mehrerer Bücher. Sie arbeitet seit 1995 in der Erwachsenenbildung (Alpha-Training, NLP, Pferdegestütztes Lernen) und hat eine Ausbildung zur Psychopädagogin. Weitere Ausbildungen mit Pferden waren Bodenarbeitsseminare und Kommunikationstraining in Warendorf und in Rosenheim, Selbsterfahrung mit Pferden, Pferdegestütztes Lernen und eine Ausbildung in schamanischer Energiearbeit.
www.raidhohealinghorses.com

Gutes Training erkennen

im Sinne des Pferdes

von Lukas Umbach

Foto: Janine Ulbrich

Jeder möchte mit seinem Pferd etwas erreichen, es reiten, mit ihm ins Gelände gehen, Boden- oder Freiarbeit machen. Die meisten von uns wollen sich verbessern und selbst etwas dazulernen und ihr Pferd verstehen und fördern. Dafür braucht man eine gute Aus- und Fortbildung und eben Trainer – am besten gute. Doch wie erkennt man diese? Einige Anhaltspunkte für pferdegerechtes Training.

Worin unterscheiden sich gutes und schlechtes Pferdetraining und was machen in diesem Zusammenhang gute Trainer aus? Welche Fähigkeiten sollten sie haben und worauf im Training auf jeden Fall verzichten? Woran können Nichtprofis erkennen, ob ein vermeintlicher Profi wirklich im Sinne des Pferdes arbeitet? Anders gefragt: Was macht nun gutes Pferdetraining aus und welche Qualitäten sollte jemand, der professionell mit Pferden arbeitet, mitbringen?

Ich werde versuchen zu helfen, dies zu erkennen, und einige Anregungen für eigenes Handeln mit auf den Weg geben. Denn eines sei bereits vorweg gesagt: Jeder ist selbst Trainer seines Pferdes. Das bedeutet, dass jeder die in diesem Artikel genannten Aspekte und Kriterien auch auf sich ableiten kann. Es soll hier nicht darum gehen, welcher Trainingsansatz – und welches damit verbundene Ziel – besser ist als ein anderer. Die Begrifflichkeiten gut und schlecht werden unabhängig von der jeweiligen Ausbildungsweise betrachtet. Im Sinne des Pferdes zu arbeiten bedeutet: für das Pferd gerecht und produktiv.

Gründlich von Anfang an

Zu Beginn des Trainings ermittelt er gemeinsam mit dem Pferdebesitzer einen Status quo und stimmt das Training auf Pferd und Mensch ab. Welche Ressourcen bringen beide mit und wo liegen momentan Grenzen? Dieser Schritt ist unbedingt notwendig, um ein passgenaues Training zu gestalten. So bleibt die mögliche Frustration auf allen Seiten so gering wie möglich und auch Sicherheitsaspekte können abgeschätzt werden. Ist es momentan sinnvoll, sich bereits an einem 1,2 Meter hohen Hindernis zu versuchen, wenn noch keinerlei Erfahrung damit vorhanden ist, eine einfache Trabstange zu reiten? Ein guter Trainer hat zwar ein Konzept und einen Methodenkoffer, jedoch ist er flexibel, betrachtet jedes Pferd als individuelle Persönlichkeit und spult kein starres Schema F ab.

In jeder Trainingseinheit übernimmt ein Profi die Verantwortung dafür, auf die Bedürfnisse des Pferdes, das sich in seiner Obhut befindet, zu achten. Außerdem muss er die Rahmenbedingungen schaffen, dass sie ein produktives Training zulassen. Zu den Rahmenbedingungen zählen beispielsweise die Haltungsbedingungen, die die Bedürfnisse des Pferdes abdecken müssen, das Equipment, das beim Training verwendet wird, und auch der jeweilige Lernort, an dem das Training stattfindet. Sind keine guten Rahmenbedingungen gegeben, so ist effektives Training nur sehr eingeschränkt möglich. Ein Profi bezieht auch solche Aspekte mit in den Trainingsplan ein und berät Kunden dahingehend.

Vom Leichten zum Schweren

Gutes Training sollte das Pferd im Denken anregen und auch nicht zu monoton gestaltet sein. Generell gilt der Grundsatz: vom Leichten zum Schweren. Das Training sollte so aufgebaut sein, dass es für das Pferd durch abwechslungsreiche Übungen interessant bleibt. Das Pferd sollte hinter einer Übung immer einen Sinn erkennen können. Auf keinen Fall sollten Übungen innerhalb einer Trainingseinheit zu oft wiederholt werden, denn das ist für das Pferd nicht sinnvoll. Als Richtlinie hierfür sind drei bis vier Wiederholungen pro Übung und Hand angemessen. So hat das Pferd auf der einen Seite die Chance, sich innerhalb einer Übung zu verbessern, auf der anderen Seite wird es ihm auch nicht langweilig.

Wenn notwendig, ist ein guter Trainer zu jeder Zeit in der Lage, eine Übung bei Bedarf in noch kleinere Schritte zu unterteilen, falls das Pferd sie nicht versteht. Nie bewegt er das Pferd durch mehr Druck dazu, die Lösung für ein Problem zu finden. Denn das wäre unfair und kontraproduktiv. Generell gilt, dass mehr Druck nie eine gute Option dafür ist, eine Lösung zu finden. Einen guten Trainer erkennt man also unter anderem daran, dass er unnötigen Druck vermeidet und auf alternative Lösungsfindungen mit dem Pferd vertraut.

Neben der mentalen Komponente ist gutes Training auf körperlicher Ebene darauf ausgelegt, das Pferd zu fordern und aufzubauen, jedoch nicht zu überfordern oder zu überbelasten, was es krank machen und zu einem vorzeitigen Verschleiß beitragen könnte. Ein guter Trainer wärmt ein Pferd immer ausreichend auf, auch wenn dies Zeit kostet, die im Alltag oft Mangelware ist, und berücksichtigt den aktuellen Trainingszustand des Pferdes dahingehend, dass er abschätzt, wie viel das Pferd leisten kann. Es ist nicht das Ziel, das Pferd müde zu machen. Zudem geben die Intention und die innere Einstellung eines Trainers eine Energie mit, die insbesondere das Pferd schnell wahrnehmen wird. Weitere wichtige Qualitäten eines Trainers sind eine empathische Einstellung dem Pferd gegenüber, eine gute Technik und genaues Timing – auch für Pausen.

Lob und Pausen

Pausen innerhalb des Trainings sind enorm wichtig, um das Gelernte zu verarbeiten und neue Kraft zu sammeln. Außerdem bieten Pausen den Raum, das parasympathische System anzuregen, beispielsweise wenn es kurz vorher zu vermehrtem Stress gekommen ist. Man kann Pausen als effektives Mittel ins Training einbauen. Dabei gilt es, herauszufinden, wie das Pferd eine Pause am besten annehmen kann. Für manche Pferde ist es eine Pause, wenn sie einen Moment stehen und entspannen können, andere Pferde bewegen sich lieber – in Form einer aktiven Pause.

Stress ist nicht vollkommen vermeidbar, dennoch ist ein guter Trainer darum bemüht, das Stresslevel so niedrig wie möglich zu halten, damit nachhaltiges Lernen möglich ist. Ein zu hoher Stresspegel mindert die Konzentrations- und Aufnahmefähigkeit, egal ob beim Menschen oder beim Pferd, und mindert somit auch die Qualität einer Trainingseinheit immens. Ein dauerhaft gestresstes Pferd ist nicht in der Lage, sein volles Potenzial zu entfalten. Kommt es in mehreren aufeinanderfolgenden Trainingseinheiten immer wieder zu einem aus der Perspektive des Pferdes zu hohen Stresspegel, so wird das Pferd das Training und/oder den Menschen, der mit ihm trainiert, mit Stress koppeln und die Freude am Training wahrscheinlich verlieren.

Generell hat ein guter Trainer Interesse an der Geschichte des Pferdes sowie an der aktuellen Situation, in der Pferd und Mensch sich befinden. *Foto: Janine Ulbrich*

Beobachte immer den gesamten Ausdruck des Pferdes. Wirkt es im Dialog mit dem Menschen offen und neugierig? *Foto: Angelina Peekel*

Ein guter Trainer sieht eher immer das Positive im Pferd als das Negative und spart nie an Lob. Lob gibt Sicherheit und motiviert, beides sind wichtige Elemente im Training. Ein Profi ist daran zu erkennen, dass er viel lobt und wenig tadelt. Das gesamte Training über sollte immer die Freude im Vordergrund stehen. Gutes Training macht auf beiden Seiten Lust auf mehr. Im Umkehrschluss erkennt man ein Pferd, das bei einem guten Trainer in Obhut ist, also auch daran, dass es Lust auf das Training hat und ihm offen und neugierig gegenübersteht.

Tipp!
Herausfinden, was das eigene Pferd als besonderes Lob empfindet. Ist es mehr der Typ für Futterlob oder gibt es eine Kraulstelle, die es besonders mag und die als Lobpunkt besetzt werden kann?

Transparenz für den Menschen

Neben allen genannten Aspekten für das Pferd vernachlässigt ein guter Trainer auch den Menschen im Training nicht: Besonders dann, wenn es um Unterrichtssituationen geht, ist ein gewisses Maß an pädagogischen Fähigkeiten und Feingefühl dem Menschen gegenüber wichtig. Ein weiteres Qualitätsmerkmal besteht darin, dass der Trainer immer motiviert ist, Fragen zu erläutern und das Vorgehen am Pferd genau zu erklären. Transparenz bedeutet in diesem Zusammenhang, dass auch kritische Fragen plausibel beantwortet und nicht mit dogmatischen Antworten, wie „Weil es immer schon so gewesen ist“, abgetan werden.

Die Sache mit dem Respekt

Ein guter Trainer ist reflektiert und nimmt ein vermeintlich schlechtes beziehungsweise unerwünschtes Verhalten des Pferdes nicht persönlich, sondern sucht die Ursache dafür. Häufig wird in der eher konventionell geprägten Pferdeszene von einem Mangel an Respekt gesprochen, sobald ein Pferd ein ungewünschtes Verhalten an den Tag legt. Viel zu selten machen Menschen sich die Mühe, den Beweggrund sowie die Ursache für das Verhalten eines Pferdes zu sehen. Meiner Auffassung nach hat auch dies etwas mit Respekt zu tun, der stets beidseitig ist. Einen echten Pferdemenschen erkennt man daran, dass er oder sie das Pferd würde- und respektvoll behandelt. Viel zu oft gibt es Szenen einer vermeintlichen Trainingssequenz, bei denen man von außen mehr das Gefühl hat, dass es sich um ein Messen der Kräfte beziehungsweise einen Kampf handelt. Training hat nichts mit gewinnen oder verlieren zu tun, vielmehr geht es darum, einen Dialog mit dem Pferd zu führen.

Sicherheit immer an erster Stelle

Ein Profi achtet zu jedem Zeitpunkt auf Sicherheit, sowohl auf die eigene als auch auf die des Pferdes. In diesem Zusammenhang sei erwähnt, dass auf Showeffekte zuungunsten des Pferdes verzichtet werden sollte. Ein gutes Beispiel hierfür stellt das Verladen eines Pferdes in einen fahrenden Hänger dar. Natürlich wirkt dies spektakulär und suggeriert dem Zuschauer auf den ersten Blick, dass ein Profi am Werk gewesen sein muss, der

Viele Pferde genießen es, an der Brust an einem bestimmten Punkt oder in einem bestimmten Bereich gekrault zu werden. Dieser Punkt oder Bereich kann auch als Lobpunkt belegt werden. *Foto: Angelina Peekel*

einem Pferd so etwas beibringen kann. Betrachtet man die Situation jedoch genauer, so wird einem bewusst, dass kein Pferd dieser Welt auf einen rollenden Hänger verladen werden muss. Dabei können sich alle Beteiligten unnötigerweise verletzen. Der Mensch hat das eigene Ego gefüttert und nicht auf die Sicherheit des Pferdes geachtet.

Es ist sinnvoll, unterscheiden zu lernen, wie sich Profis präsentieren, um Kunden zu gewinnen. Was ist spektakulär und was ist im Sinne des Pferdes ethisch vertretbar?

Gute Trainer wahren ethische Grundsätze und behandeln das Pferd jederzeit würdevoll. Dabei wird auf Gewalt auf psychischer und physischer Ebene absolut verzichtet. Viel zu oft wird ein grober und unfairer Umgang mit dem Pferd als normal betrachtet und sogar beschönigt. „Der brauchte mal eine Ansage", heißt es dann. Gutes Pferdetraining kommt ohne solche Ansagen aus und ist stets leise.

Vielschichtiges Training für Körper, Geist und Seele

Gutes Training geht nicht zu Lasten des Pferdes. Betrachtet man das Pferd ganzheitlich, so wird einem bewusst, dass man nicht auf einer Ebene arbeiten kann, ohne die andere zu berücksichtigen, denn sonst kann das Training nicht greifen. Vereinfacht ausgedrückt kann man den Körper eines Pferdes nicht trainieren, ohne es auf geistiger Ebene anzusprechen.

Bei positiv und nachhaltig ausgelegtem Pferdetraining steht der Prozess des Trainings im Vordergrund. Insbesondere dann, wenn ein Verhalten wie beispielsweise das Verladen trainiert wird. Es sollte nicht darum gehen, so schnell wir möglich den gewünschten Erfolg zu erzielen, in diesem Fall das Pferd soll im Hänger stehen. Vielmehr geht es darum, den Weg des Lernens so angenehm wie möglich zu gestalten. Hat der Trainer den Hänger an einem ruhigen Ort positioniert? Wird auf sicherheitsrelevante Aspekte geachtet? Wird das Pferd kleinschrittig an die Aufgabe herangeführt und werden bereits kleine Erfolge gelobt, wie ein Huf auf der Rampe oder Entspannungsmerkmale wie das Senken des Kopfes? Werden Pausen eingebaut? Es sollte bei erfolgreichem Verladetraining nicht unbedingt das Ziel sein, innerhalb der ersten Einheit tatsächlich zu verladen. Vielmehr sollte der Prozess der Trainingseinheit dazu beitragen, dass das Pferd bereits nach der ersten Einheit eine positivere Einstellung dem Hänger gegenüber hat als zuvor.

Gutes Training ist vielschichtig ausgelegt und betrachtet das Pferd auf den verschiedenen Ebenen Körper, Geist und Seele, anstatt sich, wie im konventionellen Training, nur auf die körperliche Ebene zu fokussieren. *Foto: Janine Ulbrich*

Das Ziel kennen

In der Pferdeszene gibt es immer mehr verschiedene Ausbildungssysteme und Trainingsmethoden, die auf teilweise völlig verschiedenen und sogar gegenläufigen Konzepten basieren. Somit existieren auch sehr unterschiedliche Meinungen darüber, was gut und was schlecht ist. Dabei kann es Pferdebesitzern durchaus schwerfallen, den Überblick zu behalten. Das, was man selbst als angemessen betrachtet, empfindet jemand anders schon als grenzwertig. Was also tun? Sollte man darauf vertrauen, dass ein Profi schon weiß, was richtig ist? Nein, auf keinen Fall, ganz so einfach ist das nicht. Man sollte sich eine eigene Meinung bilden.

Unabhängig davon, ob es sich bei dem angestrebten Training um Dressurreiten, Verladetraining oder Zirkuslektionen handelt, gewisse Trainingsgrundsätze lassen sich auf jede Sparte des Pferdetrainings übertragen, ganz egal, in welchem System wir uns auch bewegen, und sind als Qualitätsmerkmal allgemeingültig. Bei all den Verschiedenheiten der einzelnen Systeme gibt es also auch eine Schnittmenge.

Die Freude sollte das gesamte Training über immer im Vordergrund stehen, nur so kann ein echtes Miteinander entstehen. *Foto: Angelina Peekel*

Man muss und sollte nicht jeden Gedanken teilen, dennoch möchte ich dazu einladen, über die genannten Aspekte und Kriterien nachzudenken. Ein letzter wichtiger Tipp an dieser Stelle: Immer den Ausdruck, die Gestik und die Mimik des Pferdes beobachten, die es im Training zeigt. Welchen Eindruck macht das Pferd? Strahlt es, wirkt es angespannt oder sogar unglücklich? All dies kann Antworten auf die Frage geben, ob der Trainer, auf den die Wahl fallen soll, der richtige ist.

Lukas Umbach fühlt sich seit seiner Kindheit zu Pferden hingezogen. Dabei geht es ihm um das Wesen Pferd und nicht um das Reiten. Sein erstes Pferd, Alf, einen Haflinger, bekam er von seinen Eltern geschenkt. Nach seinem Abitur entschied er sich, Soziale Arbeit mit den Studienschwerpunkten Beratung und Gesundheit zu studieren. Der Wunsch, seine Liebe zu Pferden mit seinem Beruf zu verknüpfen, wurde jedoch immer stärker, und seit 2014 hat er diese Passion zu seiner Berufung gemacht.
www.lukasumbach.de

Gemeinsame Zeit am Boden
Bodenarbeit ist mehr als nur Pferdeausbildung – Dialoge eröffnen und Vertrauen schaffen
Lukas Umbach/
Kati Westendorf
128 Seiten, broschiert
Crystal Verlag,
ISBN 978-3-95847-022-4
€ 19,90

Foto: HJN Reiten

Durch gymnastizierende Führübungen

zur Einheit mit dem Pferd

Seminarreportage von Martina Kiss

Jeder wünscht sich ein Pferd, das ihm folgt, wohin man auch immer geht. Die Realität sieht anders aus. Damit ein Pferd freiwillig mitgeht, braucht man innere Balance, eine Herz-zu-Herz Verbindung und eine klare und fokussierte Körpersprache. Das und mehr lernten Interessierte bei dem Einführungsseminar „Gymnastizierende Führübungen" von Hans-Jürgen Neuhauser und Diana Baumeister.

Wie schön wäre es, wenn man zu seinem Pferd auf die Weide geht und es freiwillig, losgelassen und zufrieden kauend einfach mitgeht. Das ist der Wunschtraum jedes Pferdebesitzers. In Niedersachsen auf dem Waldhof Kirchdorf durfte man an einem Wochenende üben, wie es sich anfühlt, wenn aus Wunschtraum Wirklichkeit wird.

Das Seminar „Gymnastizierende Führübungen" mit Hans-Jürgen Neuhauser und Diana Baumeister begann an einem Freitag mit den Vorstellrunden der zehn Teilnehmer. Mit dabei waren durchgehend Pferdebesitzer oder Pferdeliebhaber, bis auf eine Teilnehmerin, die mit Pferden nichts zu tun hatte. „Wertschätzung mit und für das Pferd" – so Hans-Jürgen Neuhauser – „ist eine Grundvoraussetzung, um mit einem Pferd zu arbeiten." In der Theorie wurden gleich einige Grundlagen von Hans-Jürgen Neuhausers Lehre, des HJN-Reitens, durchgenommen: „Es gibt nur die eine Gewichtshilfe – die eigene Balance. Die Hüfte ist die Schnittstelle zum Pferd. Beim Reiten muss man sitzen wie ein Schmetterling." Was so viel bedeutet wie: Wer keine Balance hat, kann sein Pferd nicht führen oder reiten. Das warf die Fragen auf: Wie meine ich mich zu bewegen und wie bewege ich mich wirklich? Die Antwort auf solch scheinbar leichte Fragen ist in der praktischen Ausführung gar nicht so einfach. Das sollten noch alle Teilnehmer am selben Nachmittag am eigenen Körper erfühlen. Wir bewegen uns jeden Tag, aber wir achten nicht darauf, wie wir uns bewegen. Der Mensch hat die Angewohnheit, seinen Körper durch schlampige Bewegungsmuster in eine falsche Körperhaltung zu manövrieren. Dass schon wenige Millimeter nicht korrekter Körperhaltung zu einer dauerhaften Schonhaltung führen und damit zu einer ständigen Korrektur des eigenen Körpers, der eine Balance aufrechterhalten will, ist den wenigsten Menschen bewusst. Nur körperlich korrekt ausgeführte Bewegungen führen zur Balance und damit zu einem gesunden Körper. Die Balance führt zu einer

Zehn Teilnehmer nahmen an dem Seminar „Gymnastizierende Führübungen" teil. *Foto: Martina Kiss*

guten Durchblutung. Die korrekte und aufrechte Haltung belastet nicht die Gelenke, Sehnen und Knochen. Durch diese korrekte Haltung hat man eine (innerlich und äußerlich) aufgerichtete Haltung und man wird vom Pferd als positive und stark souveräne Persönlichkeit wahrgenommen. Das war die erste Erkenntnis des Tages, aber das Seminar bot noch andere Erkenntnisse. Das Hauptthema war „Gymnastizierende Führübungen" mit Schwerpunkt auf Gymnastizierung, denn nur ein gymnastiziertes Pferd ist langfristig ein gesundes Pferd. Hans-Jürgen Neuhauser: „Viele Menschen glauben, wenn sie ihre Pferde bewegen, dass das schon ein Training ist." Wie richtig diese Aussage ist, erfuhren die meisten schon am selben Tag. Zwischen bewegen und trainieren liegt ein großer Unterschied.

Übungen in der Reithalle

Prioritätenreihenfolge:

1. Das Pferd nicht verlieren
2. Seinen Weg nicht verlieren
3. Den Takt nicht verlieren
4. Die Erfüllung der Aufgabe

Hans-Jürgen Neuhauser und Diana Baumeister gingen nach dem Theorieteil in die Praxis in der Reithalle über. Mit Praxis war das Üben im Trockentraining beziehungsweise am Menschen gemeint. Dabei ging es darum, ein Gefühl zu bekommen, worauf es in den Führübungen ankommt, was vorher am Menschen geübt wurde, um es dann auf die Arbeit mit dem Pferd zu übertragen.

Für die erste Übung wurden Gipsgummibecher am Boden der Reithalle so ausgelegt, dass der Teilnehmer, der das Pferd darstellte, sich dazwischenstellen musste. Hans-Jürgen Neuhauser erklärte jede einzelne Teilbewegung, die Körper- und die Geisteshaltung, sodass ein Pferd folgen würde. „Stelle dich circa zwei Meter vor dein Pferd, achte, dass dein Pferd dein Herz sehen kann, lade es durch die offene Hand ein, mache danach drei Schritte rückwärts, und durch die Herzverbindung nimmst du es einfach mit. Die Bewegungen müssen klar sein." Anschließend lud er die erste Teilnehmerin mit einer offenen Hand ein, ihm zu folgen. Beim anschließenden Feedback sagten die Teilnehmer, dass es bei Hans-Jürgen so war, als sei eine Verbindung da, und jeder fühlte sich magnetisch mitgezogen.

Fotos: Martina Kiss

Übung Losgehen und Stopp

Man steht frontal vor dem Pferd, baut eine Herzverbindung auf, geht los und achtet dabei auf die äußere Schulter. Man geht zwei Meter rückwärts, lädt das Pferd durch die offene äußere Hand ein. Dabei fokussiert man das Pferd nicht, denn die Defokussierung geschieht über die Hand. Das gesamte Gesichtsfeld ist einen Meter vor dem Pferd und die Hand zeigt einen Meter vor das Pferd.

Bewegt sich das Pferd, geht man noch drei Schritte rückwärts, dreht seinen Körper in der Bewegung in die Vorwärtsrichtung um 180 Grad, sodass die Beine vorwärtsgerichtet sind, dabei geht man vorwärts weiter. Während man sich vorwärtsbewegt, sollte man die Beine nicht überkreuz setzen. Jetzt dreht man die offene Hand um und zeigt mit dem Zeigefinger auf den Punkt am Boden, über den das Pferd gehen soll. Dabei bilden Gesicht, Nase und Hand eine Achse.

Am Ende der Übung leiten wir den Stopppunkt ein. Der richtungsdeutende Finger bewegt sich zu einem erhobenen. Die Bewegung sollte fließend und weich sein. Dabei sagt man sich: „Gleich stoppen wir." Zeitgleich stellt man sich auf das vom Pferd abgewandte Bein, richtet sich auf (kommt in die Balance), schließt das Bein mit dem Bein, das dem Pferd zugewandt ist und bleibt stehen.

Fotos: Martina Kiss

Danach durfte je ein Teilnehmerpaar die Übung wiederholen. Der Ablauf der Übung war immer derselbe, bis alle Teilnehmer die Übung einmal durchführt hatten. Der eine Teilnehmer übernahm den Part des Menschen, der andere den des Pferdes. Hier funktionierte es nicht bei allen auf Anhieb, aber durch Führung von Hans-Jürgen und Diana Baumeister wurde die Wahrnehmung gestärkt und der Fokus geschärft.

Führen – mit der Kraft des Herzens und der Gedanken

Bei der nächsten Übung durften die Teilnehmer mit einem Pferd arbeiten. Hierzu wurde ein kleiner Parcours mit den Betonmischbehältern in Abständen am Boden aufgelegt und die Teilnehmer sollten den Friesen durchschleusen. Xandor, der Friesenwallach vom Waldhof Kirchdorf, war – rassetypisch – ruhig, aber an der Übung (und vor allem an den Teilnehmern) sehr interessiert. Hans-Jürgen Neuhauser zeigte die Übung in der Idealform vor, und obwohl Xandor die Übung nicht kannte, machte er eifrig mit. Dann durften die Teilnehmer nacheinander versuchen, Xandor auch so präzise zu führen – ohne Strick und ohne Hilfsmittel. Das war gar nicht so einfach, denn die Balance (die jeder glaubte zu haben) war nicht bei jedem vorhanden. So wurde man auch von Xandor wahrgenommen und dementsprechend reagierte er. Er folgte nicht immer exakt. Man hatte allerdings auch das Gefühl, dass Xandor dachte: „Sie bemühen sich, also folge ich brav."

Da es der erste Tag war, wurde nicht auf die korrekte Absolvierung der Übung geachtet, sondern dass man an einer inneren Haltung und einer Balance im Körper arbeitet, einen Fokus aufbaut und das Pferd annähernd in die gewünschte Richtung dirigiert. Der Nachmittag ging für jeden mit viel Nachdenken zu Ende.

Ein Pferd wurde mit einem Zwei-Mensch-Tandem simuliert, um die Wahrnehmung für Körper und Bewegung spürbar zu machen. Dabei wurde auch auf die genaue Absolvierung der Übung geachtet. Die Gipsgummibecher mussten im Parcours umrundet werden. *Foto: Martina Kiss*

Mithilfe von Hans-Jürgen Neuhauser führten die Teilnehmer Xandor durch den Parcours. *Foto: Martina Kiss*

Neuer Tag, neue Herausforderungen

Noch von dem Erlebten des Vortags beeindruckt, startete der Tag mit einer Feedbackrunde der Teilnehmer. Anschließend ging es wieder in die Reithalle, in der ein anspruchsvollerer Parcours auf alle wartete. Das erworbene Wissen vom Vortag hatte sich in der Zwischenzeit gesetzt und der Ablauf der Übungen war klar. An diesem Tag ging es darum, dass sich die Teilnehmer auf die exakten Ausübungen der Hand- und Beinbewegungen konzentrieren konnten. Hans-Jürgen führte auch eine Führübung mit einer Longe vor, die die Teilnehmer nachmachen durften. Wieder wurde zuerst von Mensch zu Mensch gearbeitet. Anschließend war Xandor wieder das Übungsobjekt, er motivierte aber auch die Teilnehmer, denn diese Übungen funktionierten mit jedem Mal besser.

Am Nachmittag ging es auf den Hof von Hans-Jürgen und Diana, um mit ihren Pferden zu arbeiten. Diese Arbeit war etwas anspruchsvoller, weil die Pferde in ihrer Wahrnehmung sehr fein waren. Je feiner ein Pferd in der Wahrnehmung, desto feinere und präzisere Informationen sollte der Mensch geben. Aber desto größer ist auch das Erfolgserlebnis, wenn eine Übung gelingt.

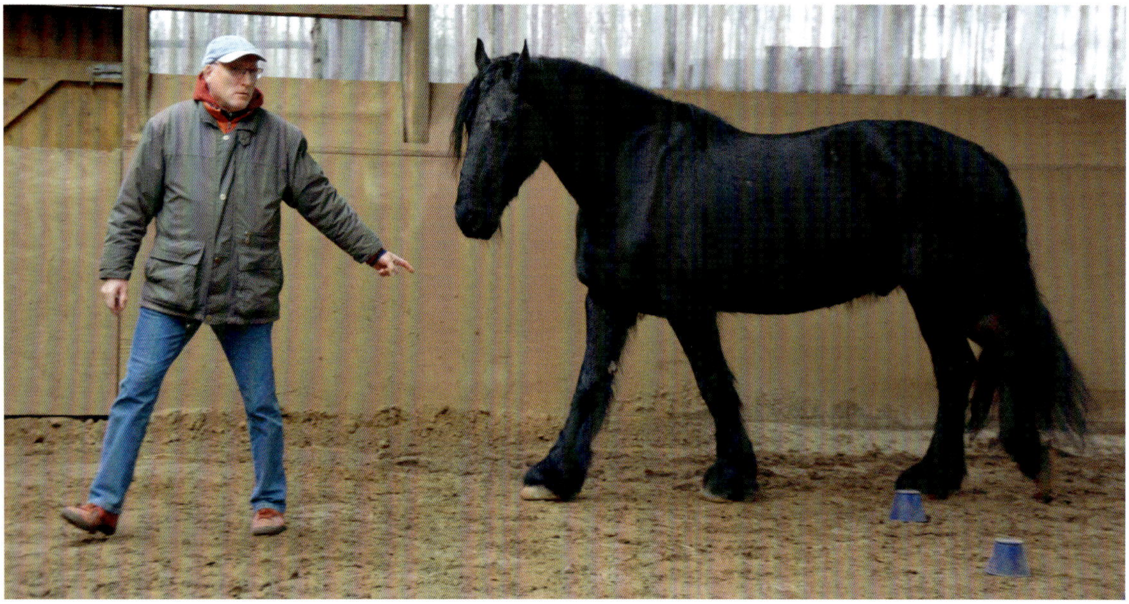

Die Arbeit mit Xandor wurde immer erfolgreicher, was für Motivation unter den Teilnehmern sorgte. *Foto: Martina Kiss*

Perfektionstag

Der Vormittag des dritten Tages war mit Körperwahrnehmung und mit den Übungen der letzten beiden Tage gefüllt. Diese dienten als Vorbereitung für den Nachmittag, denn Hans-Jürgen und Diana ließen die Teilnehmer einen anspruchsvollen Parcours absolvieren. Die letzten zwei Tage zeigten, wie intensiv jeder an sich gearbeitet hatte, weil sich Einstellung und Körperhaltung der meisten Teilnehmer sehr verändert hatten. Waren am ersten Tag noch Diskussionen über Reitstile und Bodenarbeit im Vordergrund, wurde am dritten Tag über die eigene Wahrnehmung und die damit verbundene Verbesserung und das neu erwachte Körpergefühl gesprochen. Im abgesteckten Arbeitsbereich mit den Pferden wurde sehr auf das konzentrierte Arbeiten geachtet. Es war eine Wandlung vom Agieren in der Außenwelt zur Arbeit an sich selbst und das Interagieren von innen nach außen.

Um die eigene Körperwahrnehmung besser zu schulen und an der korrekten Schulterhaltung zu arbeiten, wurde mit einem Bambusstab gymnastiziert. *Foto: Martina Kiss*

Das Seminar ging mit einer Besprechungsrunde zu Ende, in der jeder seine Eindrücke über sich und das Seminar darlegen konnte. Alle Teilnehmer waren sehr interessiert, ein nächstes Seminar zu buchen, denn die Arbeit mit Pferden (wenn man eine dauerhafte Verbindung durch Körpersprache aufbauen will) bringt ein ständiges Arbeiten mit sich, das auch trainiert sein will.

Fazit

Pferde nehmen mit einer Blitzgeschwindigkeit wahr, welche Persönlichkeit vor ihnen steht. Hans-Jürgen Neuhauser und Diana Baumeister zeigten, wie wichtig innere Balance und Fokussierung sind, wenn man Pferde – wohin auch immer – bewegen will. Faszinierend war, dass jeder Teilnehmer wieder ganz von vorn beginnen musste, mit Pferden zu kommunizieren. Das war ein Aha-Erlebnis für jeden. Auch wenn man denkt, man kann balanciert gehen, ist man in den meisten Fällen weit von einer inneren Balance entfernt – sowohl mental als auch körperlich. Man lernte definitiv, neu zu gehen. Der Kurs war sehr intensiv, nicht nur ein Führübungskurs, sondern ein Körperwahrnehmungskurs, der auch im Alltag hilft. Seminare wie dieses zeigen, dass ein ständiges Arbeiten an sich selbst im Leben einfach erforderlich ist. Diesen Kurs kann man nur jedem empfehlen, der eine innere geradlinige Haltung in seinem Umfeld an den Tag legen will.

Porträt **Hans-Jürgen Neuhauser**

Foto: Isabell Packeisen

Es möchten mehr Menschen durch ein falsches Lob ruiniert werden als durch eine echte Kritik gerettet werden. Amerikanische Weisheit

Hans-Jürgen Neuhauser ist als Pferdetrainer aus der arte-Dokumentation „Das Geheimnis der Pferdesprache" bekannt, hatte schon in seiner Kindheit den Traum, sich den Pferden zuzuwenden. Die Zeit dafür war aus verschiedenen Gründen noch nicht reif dafür. Doch selbst seine Skoliose konnte ihn nicht davon abhalten, sich noch mit Ende zwanzig den Wunsch zu erfüllen, Adagio-Akrobat (Zeitlupenakrobat) zu werden. Nach zweieinhalb Jahren täglichem intensiven Training zwischen vier bis sechs Stunden und einem Jahr Tournee auf Shows hatte er es bis zur Zirkusreife gebracht.

Auf das Pferd gekommen ist Hans-Jürgen Neuhauser bei einem geführten Ausritt auf seiner späteren Tinkerstute Casey – es war Liebe auf den ersten Ritt. Als Verbindungsmann bei den Zeitlupendarbietungen hatte er gelernt, wie man sich auf einem Körper bewegen muss, ohne dessen Statik zu stören, und trotz Belastung gesund zu bleiben. Er entwickelte über mehrere Jahre ein reitweisenübergreifendes, in sich schlüssiges, auf ganzheitlichen Bewegungsprinzipien basierendes, nonverbales Kommunikationssystem, mit dem es möglich ist, in eine universale Kommunikation nicht nur mit seinem Pferd, sondern mit allen Pferden und allen Menschen unterschiedlichster Herkunft zu treten und physiologisch gesunde Trainingseinheiten auf der Grundlage des HJN-Wertesystems durchzuführen.

Die Feinheit, Präzision und Genauigkeit seines Ausbildungssystems hat bereits viele Pferdemenschen zum Nach- und Umdenken angeregt. Das von Hans-Jürgen Neuhauser entwickelte Ausbildungskonzept steht für eine ganz besonders feine Kommunikation zwischen Mensch und Pferd und basiert auf reiner Körpersprache in der Pferdeausbildung - und wie diese wirklich funktioniert. Dieses Wissen vermitteln er und seine Partnerin Diana Baumeister in Workshops in Reitställen sowie im eigenen Seminar- und Ausbildungszentrum in Kirchdorf, Landkreis Diepholz, wo neben Kursen, Beritt und Einstellplätzen seit Mitte 2017 auch die Ausbildung zum HJN-Trainer möglich ist.

Hans-Jürgen Neuhauser hat bereits 2008, nach einem längerfristigen Aufenthalt in Wyoming, das erste ehemals wild lebende Exemplar eines Mustangs nach Deutschland geholt. („Ein Mann und zwei Mustangs" – lief als Serie in dem VOX-Format „hundkatzemaus".)
www.hjn-reiten.de

Vielen Dank an Hans-Jürgen Neuhauser und Diana Baumeister und an das Team vom Waldhof Kirchdorf, dass die Natural Horse an dem Seminar teilnehmen durfte.

Pferde-Irisanalyse

Das Auge als Spiegel der Gesundheit von Janna Strehlau

Foto: Christiane Slawik

Aus der TCM sind Zungen- und Pulsdiagnostik bekannt. In den letzten Jahren hat eine Analysevariante Bedeutung gewonnen, die auch sehr pferdeschonend ist – die Irisanalyse. Anhand von Fotos der Augen sieht der Therapeut die Schwachstellen im Körper, lange, bevor sich eine Krankheit über Ultraschall oder Röntgen erkennen lässt. Die Analyse kann somit im Vorfeld Erkrankungen ermitteln, und daraufhin kann der Therapeut eine Behandlung einleiten.

Ellen Collinson aus England ist eine der weltbekanntesten Pferde-Irisanalystinnen. Sie hat über 20 Jahre gemeinsam mit Tierärzten an der Irisanalyse für Pferde geforscht und gemeinsam mit Tierärzten Obduktionen an Pferden durchgeführt. So konnte sie Krankheitsbilder, die über das Auge festgestellt wurden, über körperliche Symptome bestätigen. Anhand dieser Erkenntnisse entwickelte sie die erste Pferde-Irisanalysekarte.

Diese Analyse ist eine praktische Möglichkeit, wichtige Hinweise über das Wohlbefinden eines Pferdes zu bekommen, denen man nachgehen oder die man zeitnah verändern und unterstützen kann. An vorderster Stelle zählen hierzu die Verdauung und die Gesundheit der Organe. Da man auch Veranlagungen erkennen kann, eignet sich die Irisanalyse auch sehr gut als Entscheidungsunterstützung für die Zucht. Außerdem ist sie eine gute Ergänzung, um sich beim Kauf eines Pferdes ein umfassendes Bild zu machen.

Ablauf einer Analyse

Die Irisanalyse ist eine besonders schonende Möglichkeit, Informationen über die Gesundheit eines Pferdes zu erhalten. Dabei läuft alles direkt vor Ort ab, ohne Schmerzen, Stress oder gruselige Instrumente.

Allein durch ein Foto von jedem Auge des Pferdes, das in wenigen Minuten gemacht werden kann, erhält man viele Hinweise über die aktuelle Gesundheit und die mitgebrachten Veranlagungen.

Dass uns die Iris so wertvolle Informationen liefern kann, hat einen einfachen Grund: Im embryonalen Zustand sind das Auge und das Gehirn eins. Erst später entwickelt sich das Auge zu dem, was es ist, und bleibt weiterhin über den Sehnerv direkt mit dem Gehirn verbunden. Das Gehirn ist wiederum über das Rückenmark und die Nervenstränge mit allen Regionen im Körper verbunden.

Wenn eine Region oder ein Organ im Körper im Ungleichgewicht ist, auch ohne gleich krank zu sein, erhält das Auge diese Information über die Nervenbahnen. Zu sehen sind dann Farb- und Faserveränderungen im Auge, die mit entsprechendem Wissen interpretiert werden können.

Folgende Dinge können wir durch die Irisanalyse unter anderem feststellen:

- vererbte Schwachstellen, wie zum Beispiel Nierenschwäche
- vererbtes Temperament
- altes Narbengewebe
- belastetes und/oder übersäuertes Gewebe
- Verdauungsprobleme durch Übersäuerung
- Veranlagung zu Arthrose
- Entzündungsherde
- Mineralmangel
- Verspannungen und/oder Veränderungen im Muskel- und Skelettsystem
- Verdauungsprobleme in Form von Blockaden, Entzündungen, Parasiten, schwache oder gute Verdauung
- hormonelle Themen
- Hufprobleme
- Lungenthemen, inklusive Husten und Asthma

Eine einfache Sache, die jeder Pferdebesitzer selbst bei seinem Pferd erkennen kann, ist der Status der blutbildenden Mineralien – meist sogar ohne Kamera. Hierbei handelt es sich um einen Ring um das Auge herum, der je nach Mineralstoffversorgung von bläulich bis weißlich gehen kann. Es kann sein, dass zu wenig Mineralien ins Pferd gelangen oder dass die Mineralien vom Körper nicht aufgenommen werden können. Das kann wiederum viele Ursachen haben und die Gesamtinterpretation des Auges hilft, diese zu verstehen.

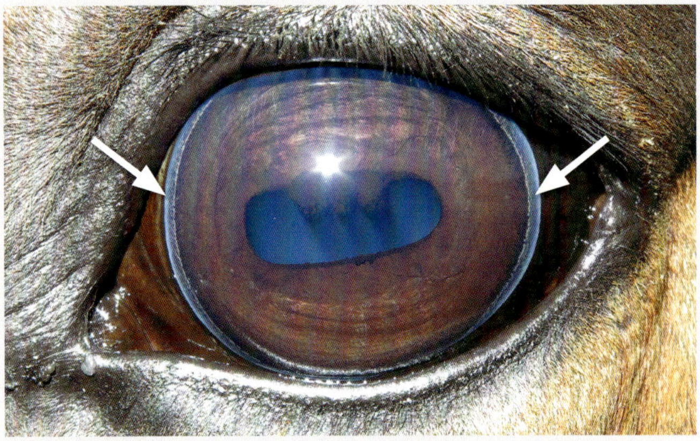

Der blaue Ring um die Iris gibt dir einen Hinweis, ob blutbildende Mineralien gut aufgenommen und genutzt werden. *Foto: Janna Strehlau*

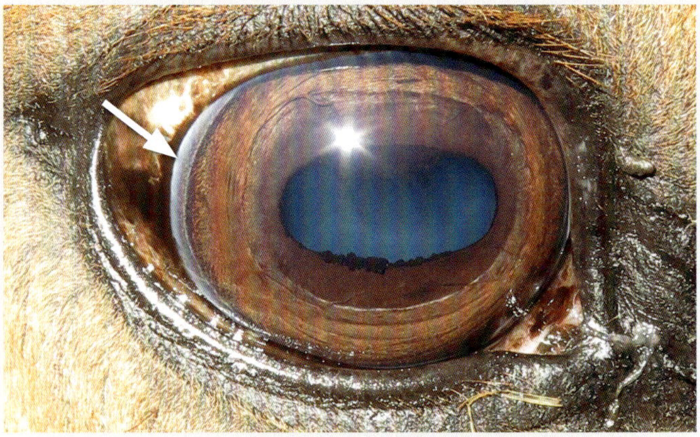

Hier zum Vergleich ein ins Weiß gehender Ring. Das ist ein Hinweis auf eine Imbalance im Mineralstoffhaushalt. *Foto: Janna Strehlau*

Das Auge als Karte

Bei der Irisanalyse handelt es sich nicht um eine Analyse im medizinischen Sinn. Dabei werden Hinweise im Auge erkannt, in einen Zusammenhang gebracht und durch gezielte Fragen an den Pferdebesitzer und eine ausführliche Anamnese interpretiert. So entsteht ein Gesamtbild, nach dem man dann individuell für das Pferd passend ein Thema nach dem anderen bearbeiten kann.

Das Auge kann man sich dabei wie eine Karte vorstellen. Eine Karte für den Körper, in der gelesen wird, welcher Bereich im Körper ein Ungleichgewicht zeigt. Andersherum gilt genauso: Wenn man dem Pferd hilft und der Körper wieder ins Gleichgewicht kommt, kann man das auch gut in der Iris erkennen.

Kombination: Analyse und Behandlung

Der erste Schritt ist die Irisanalyse. Was macht man aber mit dieser Analyse des Gesundheitszustands des Pferdes? Die Analyse auch Iris-Reading genannt, sagt etwas über den Istzustand aus. Der zweite Schritt ist – je nach Befindlichkeit –, die Behandlung in Gang zu setzen. Die meisten gesundheitlichen Probleme der heutigen Zeit liegen in einer Imbalance des Verdauungssystems. Dies kann durch eine unpassende Pferdefütterung oder eine nicht artgerechte Haltung bedingt sein. Da der Körper ein Wunderwerk ist, das sich auch gut regenerieren kann, kann durch eine – auf das Pferd angepasste – Umstellung der Fütterung und Haltung ein langfristiger Erfolg erzielt werden. Auch die richtigen Kräuter, wenn sie dem Pferd zur Verfügung gestellt werden, können zur Heilung

Pferde-Irisanalysekarte nach Ellen Collinson Linkes Auge

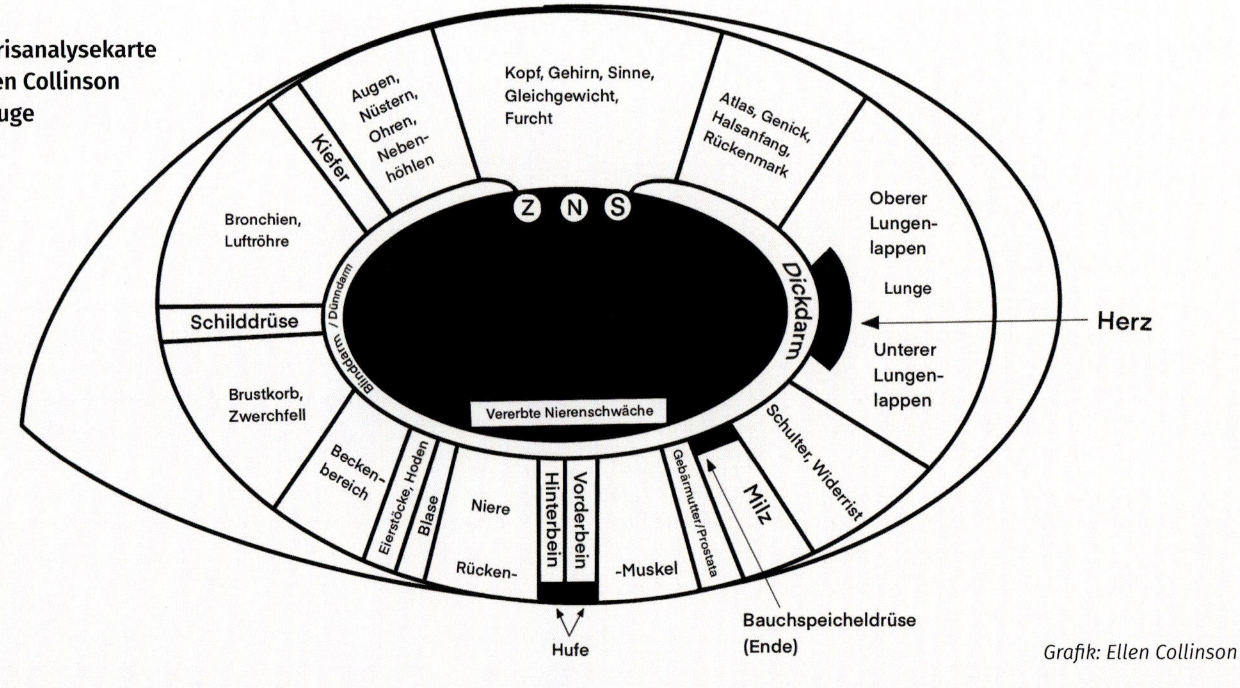

Grafik: Ellen Collinson

führen. Nicht nur die Gesundheit wird positiv beeinflusst, sondern oft auch das Verhalten.

Ablauf einer Irisanalyse

Irisanalyse ist vor Ort, aber auch aus der Ferne möglich. Für eine Analyse aus der Ferne senden die Kunden selbst gemachte Fotos. Hierfür gibt es im Vorweg eine entsprechende Anleitung, um eine sichere Interpretation zu ermöglichen. Am Computer werden die Fotos dann auf einem großen Bildschirm analysiert. Dabei wird alles, was auffällt, aufgeschrieben und anschließend in einem Bericht für den Besitzer zusammengefasst.

Zusätzlich gibt es einen Anamnesebogen, der von den Besitzern ausgefüllt wird. Dieser ist die Grundlage, um die Hinweise aus beiden Augen in einen sinnvollen Kontext zu fügen. Die Informationen zum Thema Fütterung sind erfahrungsgemäß besonders wichtig. Pferde mit einem übersäuerten Gewebe sind eher die Regel als die Ausnahme und der Grund liegt hierfür in den meisten Fällen in der Fütterung. Zum Abschluss erhält jeder Pferdebesitzer eine Futter- und Kräuterempfehlung. Außerdem besteht die Möglichkeit, einige Zeit nach der Anwendung der Empfehlungen eine weitere Analyse der Iris durchzuführen. Im besten Fall haben sich die Merkmale im Auge nach der Gabe und der Veränderung in der Fütterung zum Positiven verändert.

Carlos, 16 Jahre, Holsteiner-Wallach, Arthrose

Carlos ist ein 16-jähriger Holsteiner-Wallach, dessen Besitzerin dringend Hilfe suchte. Es stand im Raum, ihn zu erlösen,

Vor Ort werden mit einer speziell eingestellten Kamera Fotos gemacht, die es ermöglichen, in beiden Augen unterschiedliche Bereiche hoch aufgelöst zu sehen. *Foto: Janna Strehlau*

da er kaum mehr laufen konnte. Eine langjährige Geschichte mit Arthrose und einer Hufrollenschleimbeutelentzündung hatte ihm stark zugesetzt. Die Analyse der Iris war sehr spannend. Auffällig war der Strich, der durch das rechte Auge führte. Es war eine scheinbar alte Verletzung auf der Augenlinse, die aber für die weitere Analyse nicht wichtig war.

Mit der Irisanalyse konnte man erkennen, dass Carlos eine schwache Konstitution hatte. Diese Schwächung wirkte sich wie ein negativer Verstärker auf viele gesundheitliche Themen aus. Außerdem waren eine gestresste Niere zusammen mit einer Auffälligkeit der Blase und eine belastete und übersäuerte Verdauung erkennbar. Das Herz war auch im linken Auge angezeigt, was nicht bedeutete, dass dieses krank

Pferde-Irisanalysekarte nach Ellen Collinson Rechtes Auge

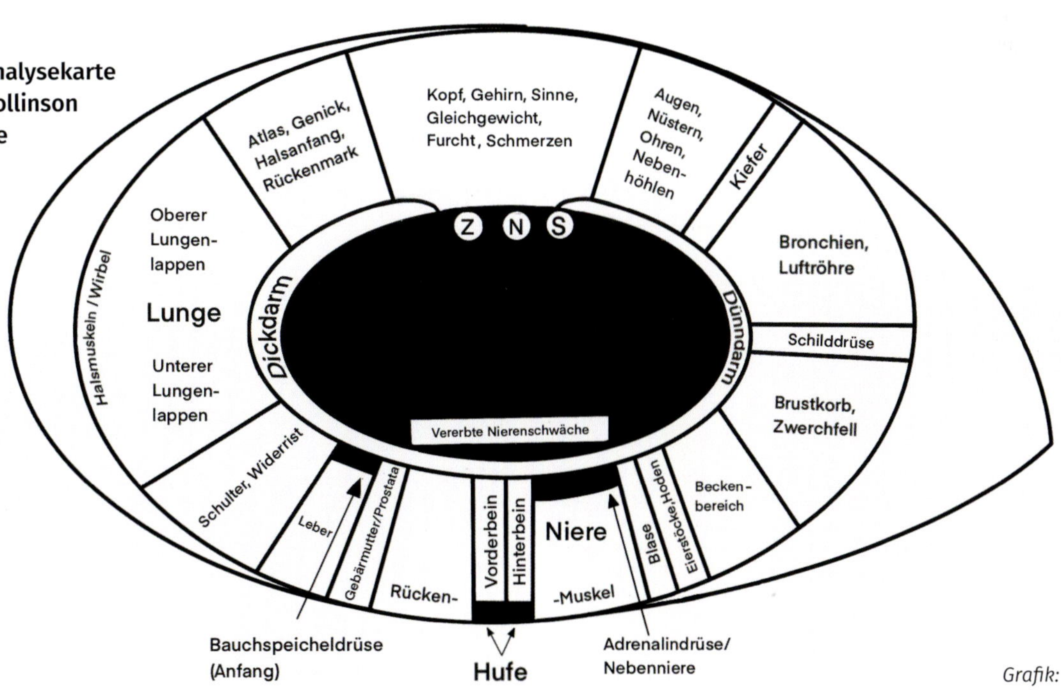

Grafik: Ellen Collinson

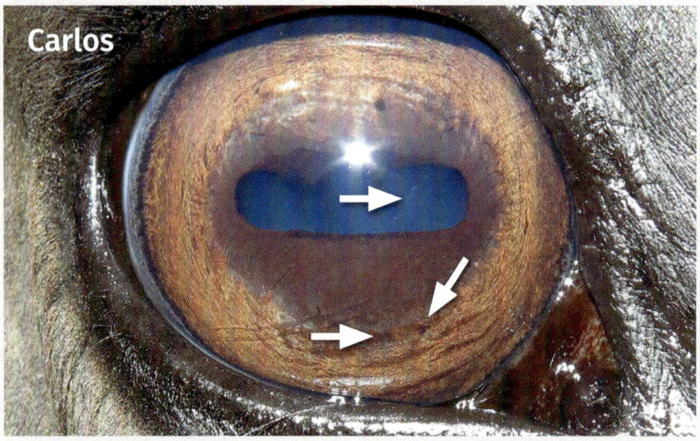

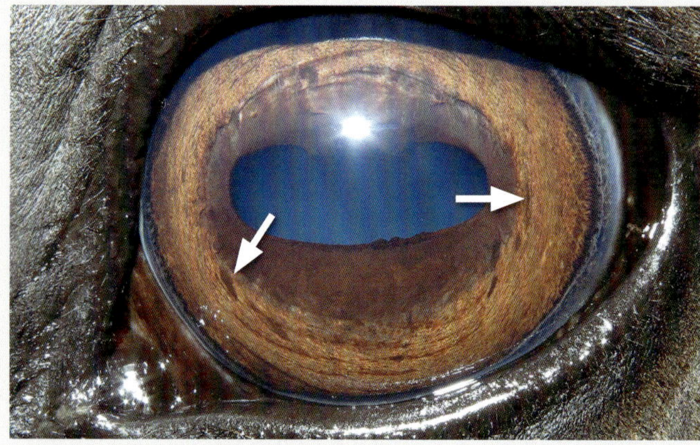

Striche und Markierungen in und um die Augen weisen in den Organen auf Imbalancen und in den Bewegungsbereichen auf Einschränkungen hinweisen. *Fotos: Janna Strehlau*

war, sondern einfach etwas geschwächt in seiner Funktion. Oft reagieren solche Pferde vermehrt auf Wetterumschwünge. Besonders Hitze kann ihnen zu schaffen machen. Durch die belastete Verdauung und die Auffälligkeit der Niere konnte er nicht ausreichend Mineralien aufnehmen und es belastete seine Nerven. Dies wurde immer wieder in seinem Verhalten erkennbar. Die Vermutung, dass Arthrose auch im Beckenbereich war, lag nah, wurde aber nie durch Röntgenaufnahmen überprüft.

Behandlung aufgrund der Anamnese

Nachdem die Fütterung auf rein natürliche Inhalte umgestellt wurde, die Niere und Verdauung gestärkt, die Entzündungen mit Kräutern eingedämmt wurden, konnte Folgendes beobachtet werden: weichere Muskulatur, das Pferd wuchs in eine gesunde und lockere Breite. Ebenso wuchs neues, gesundes Hufmaterial nach. Der Klient ruhte mehr in sich und war mental und emotional stabiler. Wie bei jeder Therapie gilt auch hier: Für einen ganzheitlichen Erfolg wird immer ein Team von guten Therapeuten benötigt, und auch in Carlos' Fall wurden weitere Spezialisten mit ins Boot geholt.

Eindrücke der Besitzerin

Auf Empfehlung füttere ich über den Jahresverlauf hinweg verschiedene Kräuter. Seitdem ist Carlos entspannter und vor allem schmerzfrei geworden. Ich habe seine Arthroseschübe mittlerweile gut im Griff und kann ihn sogar wieder reiten. Die Tierärzte hatten ihn dahingehend schon aufgegeben.

Rinus, 24 Jahre, Hauptproblem Verdauung

Rinus, ein 24-jähriger Wallach mit einer bewegten Vergangenheit. Seine Themen waren bisher sein hoher Gewichtsverlust im Winter, sodass er eingedeckt und stetig zugefüttert werden musste, außerdem Strahlfäule und starke Fellirritationen.

Narben erscheinen in der Iris immer als sehr helle Flecken. Je nachdem, wo sie im Auge positioniert sind, weiß man, an welcher Stelle die Narbe am Körper zu finden ist. Hier im rechten Auge ist das Kastrationsnarbengewebe gut sichtbar. Außerdem ist ein Hinweis erkennbar, der von dem Beckenbereich in den Rücken führt und einige Organe überdeckt beziehungsweise auch beeinflusst. Bei Rinus kamen die Narben von einem alten Unfall als Kutschpferd. Sichtbar ist dies im linken Auge im Schilddrüsenbereich. Außerdem hatte er Imbalancen im Verdauungssystem.

Mit der Analyse der Iris entstand ein hilfreiches Gesamtbild. Hufstrahlfäule steht oft im Zusammenhang mit der

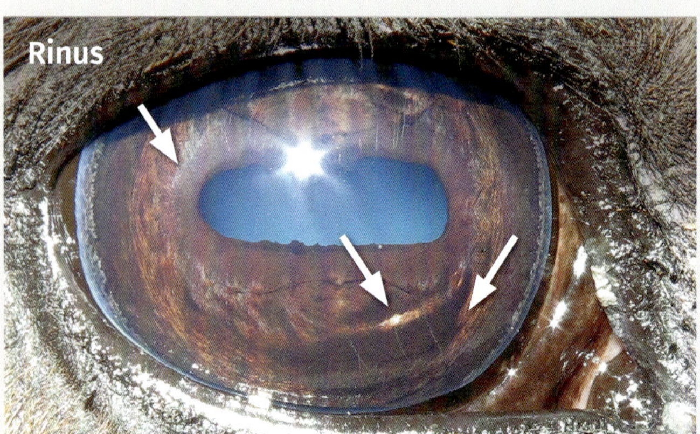

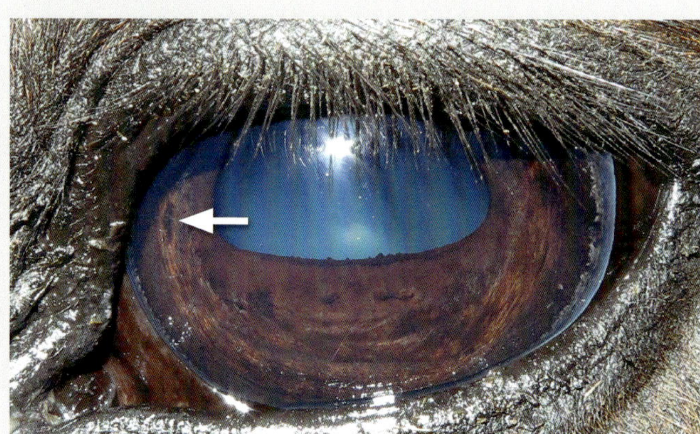

Verdauung. Auch bei Rinus passte beides zusammen. Nach der Anamnese wurde der Fokus auf die Verdauung, die Magenschleimhaut und die Schilddrüse gelegt.

Eindrücke der Besitzerin

Nach einer viermonatigen Unterstützung berichtete seine Besitzerin Folgendes: Rinus ist munterer denn je. Es ist der erste Winter, in dem er nicht zu dünn wurde. Ich war völlig erstaunt, dass seine Strahlfäule, bei der ich monatelang fast alles versucht hatte, nur wenige Wochen nach der Futterumstellung verschwunden war. Er ist daraufhin auch nicht mehr so fühlig an den Hufen. Sein Fell sieht super aus, keine Anzeichen von Hautproblemen. Er bewegt sich gern und lässt in freier Bewegung auch gern mal die Sau raus. Außerdem scheint sich bei der Verdauung einiges getan zu haben, bei der vorher ein unangenehmer Geruch entstand. Inzwischen ist er 25 Jahre alt geworden.

Highlight,

15 Jahre, Trakehner-Wallach, unerklärliche Lahmheit

Bei diesen Fotos sieht man die Augen eines 15-jährigen Trakehner-Wallachs, der unerklärliche, unregelmäßige Lahmheit in der Hinterhand zeigt. Es wurde einmal eine Szintigraphie gemacht, wobei einige alte Verletzungen erkennbar wurden, die aus seiner Jugend stammen mussten, aber keine Erklärung für seine Lahmheit lieferten.

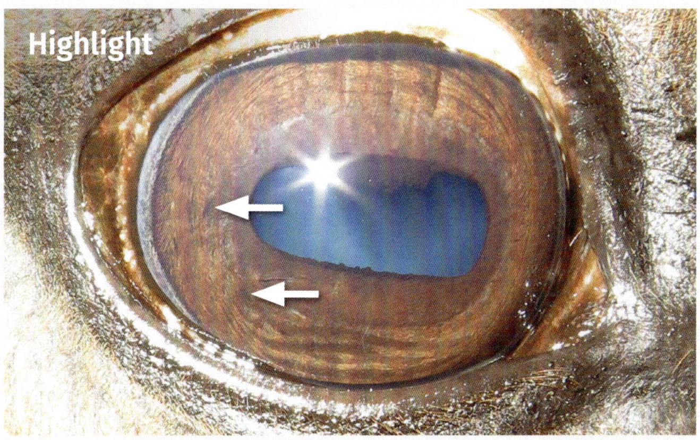

Auffällig war vor allem ein akuter und größerer Hinweis im Leberbereich. Beeinträchtigungen der Leber können zu Lahmheitserscheinungen hinten führen. Dementsprechend haben wir nun begonnen, die Leber zu unterstützen. Kurweise wurde seine Verdauung gestärkt und sein Futter langsam umgestellt. Die Verdauung kann in vielen Themen die Ursache sein, so auch für die Lunge.

Unterschätzte Zusammenhänge

Der Körper ist ein komplexes, sich ständig veränderndes System und es gibt hier viele Zusammenhänge, die kaum bekannt sind. Zum Beispiel ist oft die Milz im Auge sichtbar, wenn Sarkoide oder Karzinome aktuelle Themen sind oder waren. Die Bauchspeicheldrüse ist oft im Zusammenhang mit Stoffwechselproblemen sichtbar, und Pferde mit einer Rehe-Vergangenheit und/oder stoffwechselbedingtem Potenzial dahingehend zeigen häufig eine Nieren- und Lymphschwäche zusammen mit dem Herzen – also das große Thema der Zirkulation. Doch ein Faktor, der nahezu immer auftritt, sind Verdauungsstörungen. Sie sind eine häufige Ursache von sehr vielen Problemen bei Pferden. Wenn wir allein diese auf natürliche Weise mehr unterstützen würden, hätten wir deutlich gesündere Pferde.

Janna Strehlau verbrachte ihre Kindheit bis zur Ausbildung zur Pferdewirtin in Schleswig-Holstein. Danach lebte sie 13 Jahre in Südafrika, wo sie ihre Arbeit mit Pferden vertiefte und verfeinerte. Dort war sie auf mehreren Gestüten tätig und für die Ausbildung von jungen Pferden verantwortlich. Drei Jahre lang hat sie auf einer Farm natürliche Pferdehaltung und Pferdeausbildung angeboten. Das Interesse an Kräutern und das Thema Gesundheit von Pferden begleitet sie schon lange Zeit. Seit fünf Jahren ist sie mit ihrem Sohn wieder in Deutschland. 2022 hat sie bei Ellen Collinson Equine Iridology die Online-Ausbildung zur Pferde-Irisdiagnostikerin abgeschlossen. Sie fährt regelmäßig Touren, mittlerweile im gesamten deutschsprachigen Raum. Ihr Wunsch ist, mit einem Team von „Pferdemenschen" den Pferden eine gesunde Zukunft zu ermöglichen.

www.pferde-irisdiagnose.de

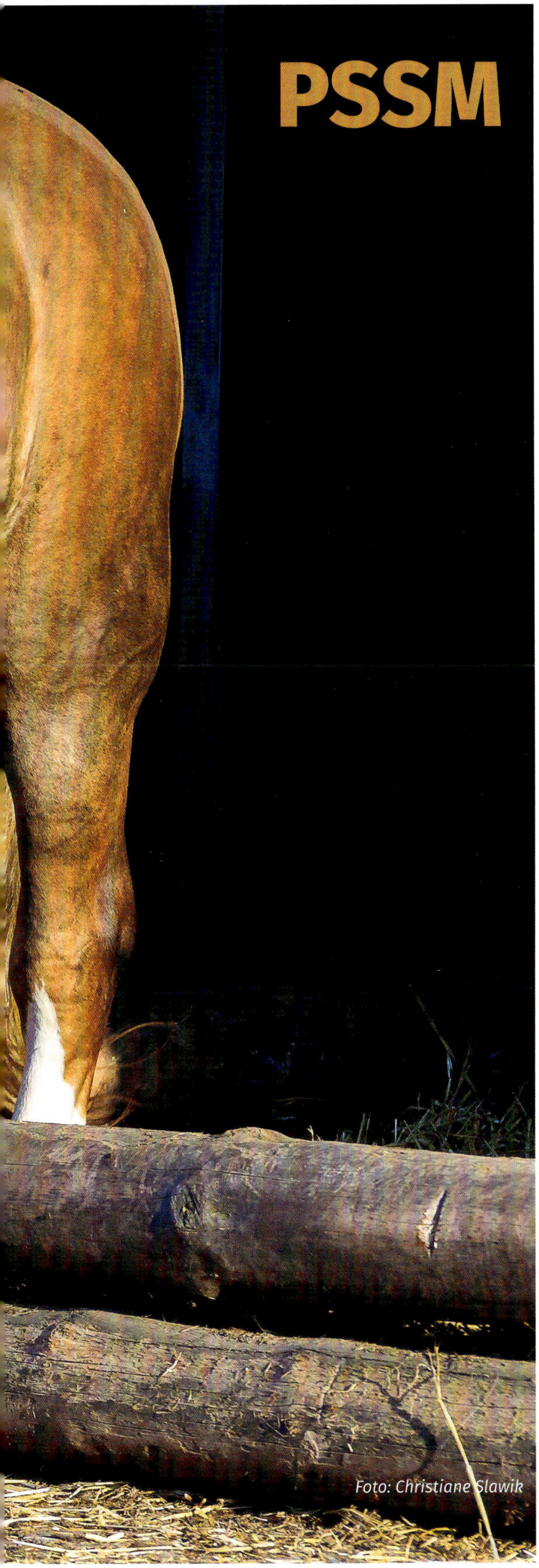

PSSM – Wenn Muskeln schmerzen

von Elke Malenke

Die Muskulatur ist in ihrer Größe und Masse als Organsystem kaum zu übertreffen. Das Pferd besitzt über 500 Muskeln, wobei der größte Muskel davon sicher der lange Rückenmuskel ist. Im Normalfall sollte sich die Muskulatur ohne Schmerzen anspannen und wieder entspannen können. Was aber, wenn selbst kleinste Anstrengungen wehtun und die Skelettmuskulatur nicht leistungsfähig ist?

In den letzten Jahren häuft sich die Diagnose PSSM. Nach PSSM1 gab es irgendwann auch noch PSSM2, was inzwischen auch schon wieder weiter unterteilt wurde. Verband man diese Diagnose zuerst noch meist mit Quarter Horses und Paint Horses, so sind heute neben Warmblütern auch alle anderen Rassen betroffen. Noch bevor der Name PSSM vergeben war, gab es die sogenannte Feiertagskrankheit bei den Arbeitspferden, die nach einem Stehtag einen Kreuzverschlag bekamen, wenn sie wieder in die Arbeit genommen wurden.

Eine Krankheit, viele Ursachen

Die Symptome sind dabei vielfältig. Bei manchen Pferden kommt es mit oder ohne Training zu einem Kreuzverschlag mit erhöhter Atemfrequenz, steifem Gang und, infolge einer massiven Schädigung der Muskulatur, zu einer rotbraunen Färbung des Urins. Im Blutbild sind hier die Lactat-Dehydrogenase (LDH), die Creatinkinase (CK) und die Aspartat-Aminotransferase (AST, früher GOT), alles Enzyme, die in der Skelettmuskulatur vorkommen, massiv erhöht. Aber nicht bei allen Pferden kommt es zu einem Kreuzverschlag. Gerade bei Warmblütern sind es eher Gangunreinheiten, allgemeine Schwäche, Bewegungsunlust und eine Muskelsteifigkeit, die PSSM auszeichnen.

Bei PSSM – Polysaccharid Speicher Myopathie – handelt es sich, wie der Name schon sagt, um eine Glykogen- oder Zuckerspeicherkrankheit. Glykogen wird im Muskel zur Energiespeicherung aus vielen

Foto: Christiane Slawik

Die rotbraune Färbung des Urins ist ein Indikator des Kreuzverschlags, der bei PSSM-Pferden vermehrt auftreten kann. *Foto: Christiane Slawik*

einzelnen Zuckermolekülen aufgebaut. Bei Glykogenspeicherkrankheiten sind Enzyme defekt oder zu wenig vorhanden, die zum Auf- oder Abbau von Glykogen dienen. Glykogen wird sowohl im Muskel als auch in Organen gespeichert. Bei einer Myopathie ist die Glykogenspeicherung im Muskel betroffen.

Myopathien – nicht immer ist der Zucker schuld

Bei Pferden gibt es jedoch viele Myopathien, also Erkrankungen der Muskulatur, bei denen es sich nicht ausschließlich um Glykogenspeicherkrankheiten handelt. Auch das sehr kontrovers diskutierte PSSM2 wurde bei manchen Pferden als Myofibrilläre Myopathie (MFM) reklassifiziert. Bei MFM handelt es sich nicht um eine Glykogenspeicherkrankheit, sondern um veränderte Muskelstrukturen, die unter Belastung brechen, ebenso wie zum Beispiel bei der IMM, der Immunvermittelten Myofibrillären Myopathie.

Die Glycogen Branching Enzyme Deficiency (GBED) und auch PSSM1 hingegen sind Glykogenspeicherkrankheiten, bei denen es zu einer gestörten Zuckereinlagerung im Muskel kommt. Bei der GBED ist ein Enzym defekt, das zum Aufbau von Glykogen dient; bei PSSM1 wird zu viel Zucker im Muskel eingelagert.

Bei der Hyperkaliämischen Periodischen Paralyse (HYPP) ist die Muskelrelaxation nach Stimulation verzögert, ebenso bei der Myotonia Congenita, der angeborenen Myotonie. Störungen in der Muskelkontraktion liegen auch bei der Equinen Malignen Hyperthermie (EMH oder MH) oder auch bei der belastungsinduzierten Rhabdomyolyse (RER, Zerfall von Muskelfasern) vor.

Fütterungsbedingt kann eine Myopathie durch verschiedene Giftpflanzen ausgelöst werden, wie zum Beispiel den Bergahorn (atypische Weidemyopathie), oder durch Vitamin-E- und/oder Selenmangel, woraus die Weißmuskelkrankheit bzw. die ernährungsbedingte Myodegeneration oder die Equine Motor Neuron Disease resultiert.

Eine Mutation macht noch keine Krankheit

Für manche dieser erblich bedingten Myopathien gibt es bereits Gentests, die die zugrunde liegende Mutation nachweisen. Nicht jede Mutation im Genom führt aber zwangsläufig zu einer Krankheit. Oft sind mehrere Faktoren nötig, um eine Krankheit entstehen zu lassen.

So sind auch manche dieser Myopathien durch äußere Faktoren wie Haltung, Training und Fütterung beeinflussbar; sie bestimmen darüber, ob die Krankheit ausbricht und in welcher Ausprägung. Gerade bei PSSM1 (und auch der Hyperkaliämischen Periodischen Paralyse) kann durch ein entsprechendes Fütterungsmanagement als Ergebnis ein völlig gesundes Pferd erreicht werden, das jedoch zeit seines Lebens die Prädisposition zu dieser Krankheit behält und bei dem die Krankheit vor allem auch bei veränderten Haltungsbedingungen sofort wieder ausbrechen kann. Das betroffene Pferd ist also nur so lange symptomfrei, wie die äußeren Faktoren die Krankheit nicht begünstigen.

Für die Ausprägung der Krankheit spielt zum Teil auch eine Rolle, ob das Pferd von beiden Elternteilen die Mutation geerbt hat, also für die Krankheit homozygot ist, oder nur von einem Elternteil die Mutation bekommen hat (heterozygot). Die GBED (Glykogen Branching Enzyme Deficiency) zum Beispiel ist, wenn sie homozygot vererbt wird, letal (tödlich) in den ersten Lebensmonaten, sofern das Fohlen nicht schon vor der Geburt stirbt. Wird die

GBED heterozygot vererbt, zeigt das Pferd keine Krankheitsanzeichen.

Nicht beeinflussbar über Haltung, Training oder Fütterung sind die erbliche Myotonie, die Immunvermittelte Myopathie und die Equine Maligne Hyperthermie.

PSSM1 – Polysaccharid Speicher Myopathie 1

Für PSSM1 ist die Vererbung aufgeklärt. Es handelt sich um eine Mutation in dem Enzym Glycogen Synthase 1 (Gys-1), das für die Glykogenspeicherung im Muskel zuständig ist. Bei dieser Mutation ist eine einzige Aminosäure in diesem Enzym ausgetauscht, wodurch das Enzym viel besser arbeitet. Pferde mit PSSM1 können also sehr viel besser und schneller Zucker im Muskel speichern als Pferde ohne diese Mutation. Vermutlich wurde diese Mutation durch Selektion bei der Zucht gezielt gefördert, da entsprechende Pferde mit wenig Futter viel Leistung bringen können. Was früher ein Vorteil war, ist heute, bei zuckerreichem Gras und wenig Arbeit, ein Nachteil.

Vor allem Appaloosas, Paint Horses, Quarter Horses, diverse Kaltblutrassen, aber auch andere Rassen sind davon betroffen. Nur bei Arabern wurde bis jetzt noch kein PSSM1 nachgewiesen. Der Erbgang ist autosomal dominant, das heißt, dass es nicht geschlechtsspezifisch vererbt wird, also sowohl Hengste als auch Stuten daran erkranken können. Auch wenn nur von einem Elternteil die Veranlagung für diese Mutation mitgegeben wird, die Nachkommen tragen die Mutation heterozygot und lagern zu viel Glykogen im Muskel ein, sofern die Fütterung nicht entsprechend angepasst ist.

Betroffene Pferde haben zwei- bis viermal so viel Glykogen im Muskel im Vergleich zu gesunden Kontrollpferden. Die Symptomatik äußert sich bei Quarter und Paint Horses eher in einem Kreuzverschlag, während es bei Kaltblütern zu allgemeiner Schwäche oder zu einer Muskelatrophie führt. Je nach Kaltblutrasse ist der Anteil der Pferde mit der Mutation für PSSM1 sehr hoch (Belgisches Kaltblut), bei anderen Kaltblutrassen wie Shire Horses und Clydesdales konnte diese Mutation noch nicht nachgewiesen werden. Ein Hinweis kann schon sein, wenn Fohlen oder Jungpferde bei Atemwegs- oder gastrointestinalen Erkrankungen einen Kreuzverschlag bekommen. Die abnormale Speicherung von Glykogen in der Muskulatur beginnt jedoch erst ab einem Alter von circa 16 Monaten in den

Bei den Quarter Horses sind knapp über 10 Prozent der Population von PSSM betroffen. *Foto: Christiane Slawik*

Typ-2-Muskelfaser. Je nach der Art der Arbeit, die eine Muskelfaser verrichtet, wird unterschieden zwischen Typ-1-, Typ-2a- oder Typ-2x-Muskelfasern. Lediglich Typ-2-Muskelfasern speichern Zucker. Da Quarter Horses extrem viele Typ-2-Muskelfasern in der Hinterhandmuskulatur besitzen und Kaltblüter eher Typ-1, lässt sich die unterschiedliche Reaktion auf diese Mutation bei den Rassen erklären.

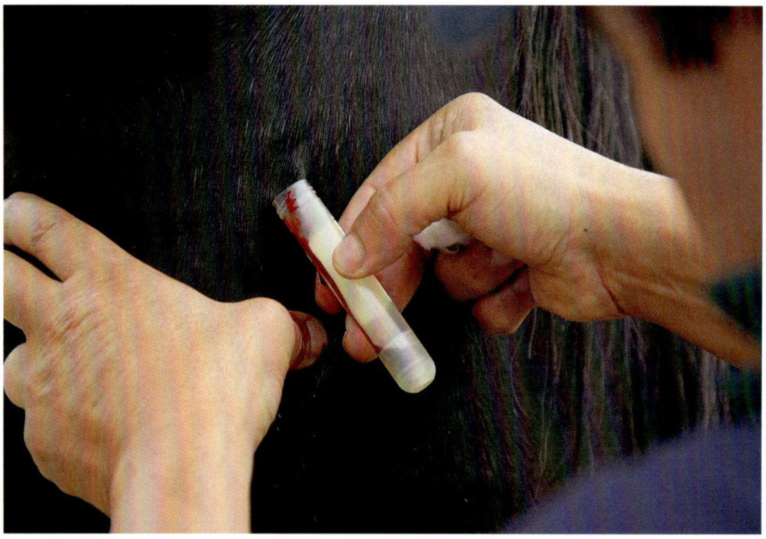

Für PSSM1 ist jedoch ein valider Gentest auf die GYS-1-Mutation vorhanden, sodass unproblematisch über ein paar Mähnenhaare oder Blut getestet werden kann, ob das Pferd eine entsprechende Veranlagung besitzt. *Foto: Christiane Slawik*

Werden diese Pferde nun auf zuckerarme Ernährung und entsprechende Bewegung umgestellt, profitieren 70–75 Prozent der Pferde davon und regenerieren vollständig. Liegt jedoch gleichzeitig eine Mutation für die Maligne Hyperthermie vor, sprechen die PSSM1-Pferde nicht so gut auf die zuckerarme Fütterung und auf regelmäßiges Training an. Bei Pferden mit PSSM1 sind CK-Werte von über 1000 U/L ohne regelmäßiges Training messbar. Erfolgen nun eine Futterumstellung und regelmäßiges tägliches Training, sind bereits nach drei Wochen sehr viel niedrigere CK-Werte nachweisbar. Wichtig ist, dass das Training stets langsam begonnen und sehr langsam gesteigert wird, um das Risiko eines Kreuzverschlags zu minimieren.

Gentests bei PSSM2?

Diese Gentests werden auch für PSSM2 angeboten und sollen für PSSM2, MFM und RER, je nach vorhandener Variante, codieren. Diese Gentests sind aber noch nicht wissenschaftlich belegt bzw. bis jetzt konnte kein wissenschaftlicher Nachweis geführt werden, dass diese Mutationen für die entsprechenden Erkrankungen verantwortlich sind. Will man hier eine sichere Diagnose haben, geht das nur über eine Muskelbiopsie und entsprechende histopathologische Untersuchungen des Muskelgewebes. Die Gruppe um Stephanie Valberg von der Michigan State University konnte zeigen, dass bei den entsprechend beworbenen Gentests für PSSM2 zumindest für die Varianten P2, P3a, P3b und P4 bei 40 Prozent der histopathologisch diagnostizierten PSSM2-Fälle keine dieser Varianten nachweisbar war, und mindestens eine der Varianten war in 57 Prozent der gesunden Quarter Horses nachweisbar. Allein über den Gentest wären also 40 Prozent der betroffenen Pferde als gesund eingestuft worden und hätten keine entsprechende Behandlung bekommen. Umgekehrt wäre bei 57 Prozent der Pferde eine Krankheit diagnostiziert worden, die sie gar nicht haben. Wenn man keine Muskelbiopsie durchführen kann oder möchte, kann man jedoch auch anhand der Symptome und der Reaktion auf die Umstellung der Haltungs- und Fütterungsbedingungen Rückschlüsse auf die jeweilige Myopathie ziehen.

RER – Belastungsinduzierte Rhabdomyolyse

Bei der RER (Recurrent Exerptional Rhabdomyolyses oder belastungsinduzierte Rhabdomyolyse) sind vor allem Vollblüter, Traber und Araber betroffen und hierbei mehr Stuten als Hengste oder Wallache. Die RER äußert sich mit ganz klassischen Symptomen eines Kreuzverschlags, wie zum Beispiel Bewegungsunlust, Steifheit, Muskelauflösung, Zittern und so weiter. Bei circa 5–10 Prozent aller Rennpferde kommt es im Laufe einer Saison zu einem Kreuzverschlag, wobei eher sehr nervöse, aber gleichzeitig auch erfolgreichere Pferde davon betroffen sind. RER-Pferde bekommen interessanterweise seltener einen Kreuzverschlag, wenn sie volle Leistung laufen, sondern eher, wenn sie zurückgehalten werden, wobei Stress oder Aufregung den Zustand verschlechtert.

Obwohl bislang noch keine Mutation nachgewiesen werden konnte, gilt als gesichert, dass diese Erkrankung vererbt wird. Früher hielt man hohe Laktatwerte in der Muskulatur für die Ursache, heute weiß man, dass es nicht am Laktat liegt, sondern dass eine abnormale intrazelluläre Kalziumregulation stattfindet. Futtermittel mit viel Kalzium scheinen die Symptomatik zu verschlechtern, sodass auf eine Fütterung von Luzerne oder Esparsette verzichtet werden sollte. Auch für diese Pferde ist regelmäßiges Training sehr wichtig. Für die Diagnostik ist auch hier wieder eine Muskelbiopsie angezeigt. Zudem sieht man hier extrem hohe CK- und AST-Werte im Blut und unter Belastung auftretende Kreuzverschläge mit verschlechterter Symptomatik, wenn diese Pferde Stress ausgesetzt sind. Auch RER-Pferde profitieren enorm von zuckerarmer Fütterung und wenig bis gar keinem Getreide im Training.

MFM – Myofibrilläre Myopathie

Die Myofibrilläre Myopathie (MFM) wird inzwischen nicht mehr als PSSM2 bezeichnet, da hier keine Glykogenspeicherkrankheit vorliegt, sondern die Muskelfibrillen (eine Muskelfaser besteht aus vielen dünnen Muskelfibrillen) im Muskel brechen oder reißen. MFM wurde erstmals 2016 bei Arabern und Warmblütern beschrieben, wobei die Pferde meist schon circa acht bis zehn Jahre alt sind, wenn das erste Mal Symptome auftreten. Wenn die geordnete Ausrichtung der Myofibrillen reißt oder bricht, kommt es bei Arabern zu sporadisch auftretenden Kreuzverschlägen und Muskelsteifigkeit, Warmblüter hingegen zeigen eher klinische Symptome wie bei PSSM2, also Muskelsteifheit, Gangabnormalitäten, Hinterhandlahmheiten, kein Vorwärtsdrang, verkürzte Schrittweite und so weiter. Bei Warmblütern sind die CK- und AST-Werte im Blutbild im Referenzbereich, bei Arabern können diese Werte erhöht sein.

Da entsprechend betroffene Pferde meist schon älter sind, sind Biopsien nur aussagekräftig, wenn die Pferde älter als acht Jahre sind. In der Diagnostik wird ein Protein namens Desmin in der Biopsie bzw. dem histopathologischen Präparat nachgewiesen. Beim Menschen können Mutationen in mehreren Genen für MFM verantwortlich sein, bei Pferden gab es bislang aber keinen Nachweis einer Mutation in den Genen, die beim Menschen MFM verursachen können. Auf Zellebene sind bei diesen Pferden Gene zur Muskelregeneration herunterreguliert, das heißt, nach dem Training besitzt die Muskulatur nur eine eingeschränkte Fähigkeit zur Regeneration, die deshalb bei diesen Pferden länger dauert. Sie besitzen eine größere Fähigkeit für den Transport von Fettsäuren in die Mitochondrien, haben aber eine niedrigere Kapazität, um oxidativen Stress zu neutralisieren. Obwohl diese Pferde keine Glykogenspeicherkrankheit haben, sieht man trotzdem eine Glykogenanreicherung in der Biopsie. Diese wird vermutlich durch die gerissenen Myofibrillen ausgelöst. Auch hier ist eine Diagnose nur über eine Biopsie möglich, indem man ebendiese Glykogenanreicherung und die Desmin-Färbung nachweist.

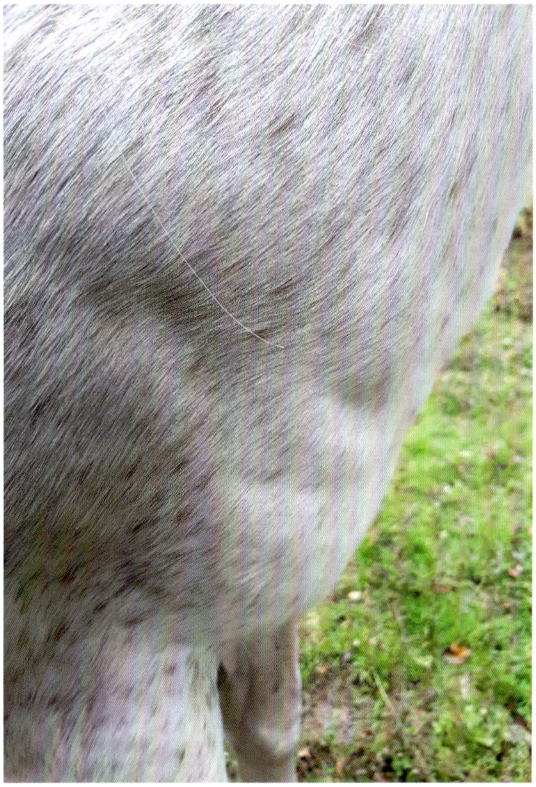

Charakteristisch für Pferde mit MFM sind Löcher oder Dellen in der Muskulatur, die nicht durch Tritte oder Bisse entstanden sind. Sie entstehen spontan oder nach einem Kreuzverschlag. *Foto: Elke Malenke*

Auch MFM-Pferde profitieren von zuckerarmer Fütterung. Ebenso kann man essenzielle Aminosäuren ergänzen, dazu Cystein und die für die Proteinsynthese nach dem Training wichtigen Aminosäuren Valin, Leucin und Isoleucin. Wenn diese Pferde nicht auf die Weide kommen, kann man zusätzlich natürliches Vitamin E zufüttern. Das Training muss aufgrund der schlechteren Regeneration generell

PSSM2/MFM

nachweisbar über Biopsie,

wenn keine Biopsie möglich, dann Test zuckerarme Fütterung

Desminaggregate nachweisbar: **MFM**

zuckerarme Fütterung bringt keine komplette Verbesserung

keine Desminaggregate nachweisbar: **PSSM2**

zuckerarme Fütterung bringt komplette Besserung

kein tägliches Training möglich, da längere Regeneration,

Fütterung mit essenziellen Aminosäuren, Vitamin E etc. ergänzen

zuckerarme Fütterung,

regelmäßiges tägliches Training

Araber:

Kreuzverschlag,

CK- und AST-Wert kann erhöht sein

Warmblüter:

Lahmheiten etc.,

CK- und AST-Wert im Referenzbereich

Quarter Horses:

Glykogenkonzentration im Muskel erhöht,

Kreuzverschlag,

CK- und AST-Wert erhöht

Warmblüter:

Glykogenaggregate nachweisbar, aber insgesamt nicht mehr Glykogen im Muskel,

Lahmheiten etc.,

CK- und AST-Wert normal

langsam gesteigert werden, und wie viel Training ein MFM-Pferd verträgt, ist sehr individuell. Meist ist jedoch drei- bis viermal die Woche Training möglich.

PSSM2 – Polysaccharid Speicher Myopathie 2

PSSM2 ist ein Überbegriff für verschiedene Myopathien, die bis jetzt noch nicht näher klassifiziert sind. Betroffen sind alle Rassen, hauptsächlich aber Warmblüter und Quarter Horses. Bei den Warmblütern betrifft es mehr Dressur- als Springpferde, und auch hier sind die Pferde schon circa sechs Jahre alt, wenn die ersten Symptome beobachtet werden können. Die ersten klinischen Anzeichen bei Warmblütern sind, wie oben bereits beschrieben, Gangabnormalitäten, verkürzte Schrittweite, steife Gänge, kein Vorwärtsdrang und leichte Hinterhandlahmheiten ohne orthopädische Ursache, oder sie sind generell ataktisch. Warmblüter sind im Vergleich zu Quarter Horses eher älter, wenn diese Symptome auftreten, und es sind mehr männliche Pferde davon betroffen. Bis jetzt konnten diese PSSM2-Fälle bei Warmblütern nicht auf spezielle Zuchtlinien zurückgeführt werden. Interessanterweise ist die Glykogenkonzentration bei PSSM2-Warmblütern im Muskel ähnlich wie in der Kontrollgruppe. Auch die Muskelenzyme CK und AST sind im Blutbild nicht erhöht. Die klinischen Symptome werden durch eine Kombination von Fütterung und Bewegung verbessert, aber selbst kleine Änderungen in der Fütterung können sehr schnell zu Rückschlägen führen. Erfolg versprechend ist bei diesen Pferden auch wieder eine zuckerarme Fütterung, ein langsam gesteigertes und vor allem regelmäßiges, tägliches Training.

Bei den Quarter Horses hingegen ist die Muskelglykogen-Konzentration circa 1,6-mal höher als bei gesunden Kontrollpferden, jedoch niedriger als bei PSSM1-Pferden. Betroffen sind hauptsächlich Barrel-Racing-, Reining- und Cutting-Linien. Auch hier sind die Symptome wieder eher Kreuzverschlag, aber auch Lahmheiten, Steifheit, Muskelabbau oder Muskelzuckungen werden berichtet. Für diese Form der Glykogenspeicherkrankheit wurden mehrere Tiere in den Quarter-Horse-Linien identifiziert, die sie vererben. Die Vererbung erfolgt nicht geschlechtsspezifisch, es konnte aber bislang auch hier noch keine Mutation nachgewiesen werden. Bei den Quarter Horses sind im Gegensatz zu den Warmblütern die Muskelenzyme CK und AST erhöht, ähnlich wie beim PSSM1-Quarter-Horse.

Fütterungs- und Bewegungsmanagement

Wie schon erwähnt ist PSSM2 bisher nur ein Überbegriff für verschiedene Myopathien. Bislang gibt es keinen genetischen Nachweis einer Mutation für PSSM2, MFM und RER. Möchte man eine Myopathie bei seinem Pferd nachweisen, für die die Mutation noch nicht bekannt ist, ist die gesicherte Diagnose nur über eine Muskelbiopsie möglich. Pferde, bei denen der Verdacht auf eine dieser Muskelerkrankungen vorliegt, profitieren aber enorm von einem entsprechenden Fütterungs- und Bewegungsmanagement. Selbst in circa 10 Prozent der Fälle, bei denen eine Mutation für IMM, MH oder PSSM1 nachgewiesen ist, haben die Pferde trotzdem eine normale Histologie, das heißt, die Krankheit ist nicht ausgebrochen oder manifestiert. Für circa 63 Prozent der histologisch nachgewiesenen Myopathien ist bislang keine Mutation nachweisbar, diese Pferde sind mit allen bislang zur Verfügung stehenden Gentests augenscheinlich gesund, aber die Pferde zeigen klinische Symptome und in der Muskulatur bzw. Histologie ist eine Myopathie erkennbar. Bei Quarter Horses konnte bislang keine Myofibrilläre Myopathie nachgewiesen werden, bei Arabern kein PSSM1. Die hier beschriebenen Myopathien kommen nicht ausschließlich bei den erwähnten Rassen vor, bei diesen Rassen sind sie nur am besten untersucht.

Hier wird in den nächsten Jahren sicher noch sehr viel differenzierter zwischen den einzelnen Myopathien unterschieden werden, es werden neue Namen für diese vergeben, und vielleicht gelingt es ja auch, mehr Umweltfaktoren zu identifizieren, die maßgeblich dazu beitragen, dass diese Krankheiten erst entstehen.

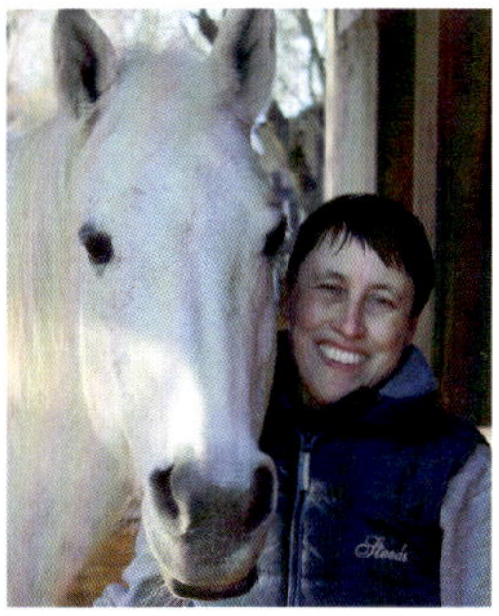

Elke Malenke ist Dualaktivierungs®- und Equikinetic®-Trainerin für Pferde und Caniskinetic®-Trainerin für Hunde, Therapeutin für Akupunktmassage nach Penzel an Pferd und Hund und Pferdefütterungsexpertin nach Dr. Christina Fritz. Training, Fütterung und Gesundheit gehören untrennbar zusammen, so ist ein Konzept rund um das Pferd entstanden. Ihr Wissen gibt sie auch gern in Vorträgen, Seminaren und Kursen weiter.
www.equus-solis.de

Das Leben bahnt sich seinen Weg. Folge wie wir der Natur und du spürst dich und das Leben um dich herum.

Foto: Christiane Slawik

KOLUMNE

Aus der Sicht des Pferdes

von Sandra Kitzmüller

Scheuen

Wildpferde fliehen selten so kopflos, wie wir es von unseren Hauspferden kennen. Das haben neueste Forschungen über Wildpferde ergeben. Woran liegt das?

Das reaktive Verhalten

Im Alltag mit unserem domestizierten Pferd steht häufig im Vordergrund, so gut wie allem schnellstmöglich angstfrei zu begegnen. Darin liegt schon eine Ursache für Angst- und Panikattacken. Pferde brauchen Zeit, um sich neuen Bedingungen anzupassen. Egal ob es sich dabei um fremde Umgebungen oder Gegenstände handelt. Das Pferd im sozialen Gefüge ist in ständiger Verbindung mit seinen Artgenossen, was gegenseitiges Lernen ermöglicht. So nimmt ein Pferd, das eine bestimmte Situation bereits kennt, meist einen sehr großen Einfluss auf die gesamte Herde. Ist das Lernverhalten eines Pferdes nicht durch den Einfluss des Menschen gestört worden, so sind Pferde normalerweise neugierig gegenüber ihrer Umwelt. Sie lernen, Situationen durch ihre Wahrnehmung einzuordnen und aufgrund ihrer kognitiven Verknüpfungen abzuwägen. Das führt zu einem viel besseren

Was für den Menschen als Kleinigkeit erscheint, kann für das Pferd entscheidend sein. Pferd und Mensch haben einen unterschiedlichen Fokus. Das fördert die Unsicherheit und Schreckhaftigkeit eines Pferdes. *Grafik: Sandra Kitzmüller*

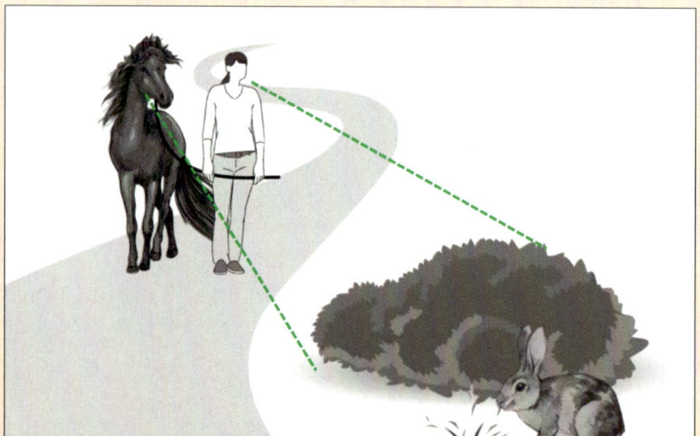

Im besten Fall wechselt der Mensch bei einer möglichen Gefahr die Seite hin zur Bedrohung. Das vermittelt Selbstsicherheit. Der Mensch bestätigt dem Pferd mit seinem Blick, was beide wahrgenommen haben, um anschließend wieder den Blick nach vorn zu richten. *Grafik: Sandra Kitzmüller*

Umgang mit zukünftigen Situationen. Für das Pferd ist die Jacke am Boden erst einmal neutral. Da wir Menschen aber die Verknüpfung haben, dass Pferde vor vielen Gegenständen Angst haben, und wir eine Wertigkeit hineinlegen, projiziert sich das.

Ein weiterer wichtiger Grund, warum Pferde in Menschenhand häufig zu rein reaktivem Verhalten neigen, ist, weil sie „festgehalten" werden. Somit können sie nicht mehr ihrem natürlichen Prozess der Wahrnehmung folgen. Ihr Nervensystem muss dementsprechend häufig auf ursprünglichere Prozesse zurückgreifen. Am besten kennen wir den „Flight-Modus". Hat ein Pferd einmal erlebt, dass es durch Menschenhand bestimmten Situationen willkürlich und über seine Reiztoleranzschwelle hinweg massiv ausgeliefert wurde, kann dies zu einer durch den Menschen initiierten Fluchtreaktion führen. Das impliziert für das Pferd nämlich, nur über „Flight"-Reaktionen der Situation begegnen zu können.

Zusätzlich können wir das Pferd auch mit unserem Arm synchronisieren. So vermitteln wir Gleichklang bei absoluter Ruhe und Entspannung in unserem Körper. *Grafik: Sandra Kitzmüller*

Die sozial-energetische Verbindung

Ein weiterer Faktor ist, dass das Pferd in uns Menschen viel zu selten wahrhaftig eine Vorbildfunktion erkennt. Wir Menschen handeln viel zu oft reaktiv, was dem Pferd aber keine wirkliche Lösung bietet. Es lernt nur, wie wir infolge seines Verhaltens mit ihm umgehen, weniger aber, dass wir präventiv handeln. Das Pferd zeigt zum Beispiel ein übererregtes Verhalten und beschleunigt seine Geschwindigkeit, worauf häufig die Reaktion des Menschen kommt, am Seil zu ziehen, um das Pferd zu bremsen. Der Mensch ist in diesem Moment rein reaktiv auf das Verhalten des Pferdes eingegangen.

Noch ein Grund, warum ein Pferd scheut, kann sein, dass das Pferd energetisch in seinem Menschen eine zu wenig ausgeprägte Wahrnehmung fühlt. Vor allem in jenen Situationen, wo es keinen erkennbaren Auslöser gibt. Diese reduzierte Verbundenheit des Menschen mit der eigenen Umgebung erkennt das Pferd als hinderlich und störend. Dem Pferd bleibt als einziger Versuch, seinen Menschen in das „Hier und Jetzt" zu befördern, ihn zu erschrecken.

Aktiv im Dialog

Pferde lernen über Vorbildfunktion. Um auf unser Pferd vorbildhaft zu wirken, dürfen wir unsere Körperhaltung, unsere Bewegungen und unsere Handlungen hinterfragen. Aktiv mit dem Pferd zu sein bedeutet, bereits im Stall eine lebendige, in jedem Moment entsprechende Kommunikation zu leben, indem wir dem Pferd mental und körperlich zu verstehen geben, dass wir präsent sind. Haben wir dieses Fundament im fürs Pferd sicheren Bereich aufgebaut, können wir dies ganz natürlich mit ins Gelände nehmen.

Überforderung unterbricht die Verbindung

Es ist überaus wichtig, uns selbst und das Pferd nicht zu überfordern. Überforderung führt zu Hektik und Unachtsamkeit.

Einem Pferd kognitiv die Umwelt näherzubringen, erfordert Zeit, Geduld und viel Mitgefühl. Was für das eine Pferd nach dem ersten Mal Sichten und Wahrnehmen bereits für immer als ungefährlich abgehakt ist, kann bei einem anderen Pferd immer wieder für Aufregung sorgen. Deshalb ist der vorausschauende Umgang mit dem Pferd für uns Menschen umso wichtiger. Dadurch können wir individuell auf das Pferd eingehen und enorm Vertrauen schaffen.

Sandra Kitzmüllers Vision ist es, Menschen dabei zu helfen, im Zusammensein mit ihren Pferden in ihre ursprüngliche Kraft zu kommen, ihre Träume zu leben und durch das Vorbild der Natur der Pferde ein selbstbestimmtes Leben zu kreieren. Durch den Widerstand ihrer ersten Stute Hope wurde Sandra wachgerüttelt. Von da an galten all ihre Weiterbildungen dem wahren Verständnis der Pferdenatur. Dabei hat sie sich auf die natürliche Sprache der Pferde spezialisiert und sich dem ganzheitlichen sowie authentischen Weg verschrieben.

www.holihorse-guidance.com

WELCHE WEIDEFORM PASST FÜR MEIN PFERD?

Nachsteckweide, Umtriebsweide, Ganzjahresweide …

von Dr. Christina Fritz

Foto: Christiane Slawik

Sommerwetter, Tore auf – und ab auf die Weide! Jedem Pferdemenschen geht wohl das Herz auf, wenn er seinen Liebling im Sonnenlicht durch das satte Grün galoppieren sieht, Kopf erhoben, Mähne und Schweif im Wind, pure Lebenslust. Wie schön, die Pferde den ganzen Tag draußen zu wissen oder sogar Tag und Nacht, denn Weidehaltung ist das Natürlichste für das Pferd. Und bequem für uns: Zurücklehnen und entspannen, denn vor dem Herbst muss man nichts mehr machen. Oder doch?

So sehr sich Mensch und Pferd jedes Frühjahr darüber freuen, wenn die Weidesaison endlich wieder beginnt – eine Weide zu pflegen und auch über Jahre gesund zu erhalten ist eine Menge Arbeit. Das beginnt schon damit, welche Weideform man wählt, was wiederum davon abhängt, wie viel Fläche ich pro Pferd habe, was für einen Bewuchs, der wiederum vom Boden abhängt, und das Mikroklima spielt auch noch eine Rolle. Bei dieser Aufzählung sind die diversen Stoffwechselprobleme der Vierbeiner, von Übergewicht bis Hufrehe, noch gar nicht berücksichtigt, die ebenfalls einen Einfluss darauf haben, wie man sein Weidemanagement gestaltet. Man sieht also, ein bisschen komplizierter ist Weidehaltung dann doch. Aber der Reihe nach.

WEIDEN SIND KOMPLEXE ÖKOSYSTEME

Für viele ist die Weide einfach eine unaufwendige und billige Raufutterquelle. Dieses Denken sorgt entsprechend oft dafür, dass die Flächen nicht gepflegt werden und sich von Jahr zu Jahr mehr unerwünschte Pflanzen auf den Flächen breitmachen – vom scheußlich schmeckenden Sauerampfer bis zum giftigen Jakobskreuzkraut.

In einem komplexen Ökosystem wie einer Pferdeweide wachsen nicht nur Pflanzen, die dem Pferd als Futterquelle dienen, sondern auch Giftpflanzen, wie das Jakobskreuzkraut. Um die Gesundheit der Pferde zu erhalten, muss man das Jakobskreuzkraut ausgraben und verbrennen. *Foto: Uwe Lochstampfer*

Jede Wiese, die nicht von Weidetieren offen gehalten wird, „verwaldet" mit der Zeit. *Foto: Christiane Slawik*

Auch die stressresistenten Hochzuckergräser können sich bei schlechtem Weidemanagement zunehmend ausbreiten und sorgen für Übergewicht, Hufrehe und damit langfristige Gesundheitsfolgen für die Pferde.

Schaut man gesunde Wiesen genau an, stellt man fest, dass man es mit komplexen Ökosystemen zu tun hat. Diese Ökosysteme brauchen das Weidetier Pferd. Denn in der Natur fressen die Pferde die hochstehenden Pflanzen ab, nehmen dabei unter anderem die Samen der Pflanzen auf und hinterlassen ihren Mist als Dünger, der dazu Samen von Pflanzen anderer Regionen enthält, die die Artenvielfalt bereichern. Während die Herde weiterzieht, wird der Mist vom Regen nach und nach in den Boden „eingewaschen" und dient als Nährstoff für die Pflanzen, die wieder aufwachsen können, bis die Pferde nach einiger Zeit wieder vorbeikommen und die Pflanzen erneut dezimieren.

WIESEN SIND KULTURLANDSCHAFTEN

Überlässt man eine Wiese sich selbst, passieren zwei Dinge: Die aufgewachsenen Wiesenpflanzen fallen, da sie nicht abgefressen wurden, im Spätsommer/Herbst zusammen. Das viele Pflanzenmaterial fängt häufig an zu faulen, statt zu verrotten. Durch die Fäulnisprozesse können die Wurzeln, die darunterliegen, absterben. So entsteht an dieser Stelle eine Lücke im Bewuchs. Wind kann jetzt die wertvolle Humusschicht abtragen. Außerdem siedeln sich in solchen Lücken der Grasnarbe gern unerwünschte Pionierpflanzen wie Jakobskreuzkraut oder Graukresse an. Zweitens landen auch Samen von Bäumen auf diesen Flächen und können dank der Lücken in der Grasnarbe keimen.

Die nachhaltige Bewirtschaftung einer Weide schafft einen einzigartigen Lebensraum für Pflanzen, Insekten, kleine Wirbeltiere und viele andere

Organismen, die in einem Wald nicht überleben würden. Eine Wiese als Pferdeweide zu nutzen, ist also durchaus eine ökologische Verantwortung und sollte artgerecht geschehen – sowohl für die Pferde als auch für die Wiese.

GUTE WEIDE, SCHLECHTE WEIDE

Häufig wird von „gutem Weidemanagement" gesprochen. Was bedeutet das wirklich? Um zu wissen, wie ich meine Weide am besten manage, muss ich mir zunächst die Anzahl der Pferde pro Fläche anschauen. In den meisten Bundesländern muss man als Stallbetreiber mindestens 0,3 Hektar pro Pferd an Fläche nachweisen, also 3.000 Quadratmeter (1 Hektar = 10.000 Quadratmeter, also 100 x 100 Meter). Realistisch muss man sagen, dass für eine nachhaltige Weidehaltung (bei mehr als einer Stunde Weidegang am Tag) eher mit 1–2 Hektar pro Pferd gerechnet werden sollte. Auf der anderen Seite der Rechnung steht die Hofgröße. In vielen Ställen ist die Realität eher, dass für 20 Pferde 2 Hektar an Weide zur Verfügung stehen, da man die übrigen Flächen für Heuproduktion und Ackerbau benötigt. Je kleiner die Weidefläche, umso sorgfältiger muss man damit wirtschaften und desto weniger Weidezeit pro Tag ist möglich.

In den meisten Ställen sorgt ein Missverhältnis zwischen Pferdezahl und Weidefläche dafür, dass es zu Überweidung kommt und die Wiesen von Jahr zu Jahr ungesünder werden für die Pferde. *Foto: Uwe Lochstampfer*

Außerdem sollte man gerade bei wenig zur Verfügung stehender Fläche darauf achten, diese besonders zu pflegen. Dazu gehört auch, spätestens alle zwei Tage den Mist abzusammeln. Nicht abgefressenes Gras („Geilstellen") muss gemäht und das Mähgut auf dem Misthaufen entsorgt werden. Die Düngung muss anhand von Bodenproben an die Bedürfnisse des Bewuchses angepasst und der pH-Wert des Bodes durch Kalken justiert werden. Im Frühjahr muss die Weide gestriegelt und im Herbst gemulcht werden, Lücken müssen durch passendes Saatgut geschlossen und Giftpflanzen regelmäßig ausgestochen werden. Durch regelmäßiges Nachsäen der Flächen mit zuckerarmen Gräser- und Kräutermischungen kann auch bei kleinen Flächen der Pflanzenbestand stabilisiert und eine Verschiebung in Richtung Hochzuckergräser vermieden werden.

Diese Maßnahmen gelten grundsätzlich für alle Flächen, unabhängig davon, wie ich sie bewirtschafte. Pflege ich meine Weiden nicht, breiten sich Sauerampfer, Hahnenfuß, Kreuzkräuter und andere unerwünschte Pflanzen aus, die stressresistenten Leistungsgräser verdrängen den erwünschten Bewuchs und bringen ihre hohen Zucker- und Endophytengehalte mit auf die Flächen. So wird die Weide immer ungesünder und die Fälle von Hufrehe, Kolik und anderen Erkrankungen durch Weidegang auf solchen ungepflegten Flächen nehmen zu.

DAS RICHTIGE WEIDESYSTEM WÄHLEN

In unserem Klima beginnen die Pflanzen im Frühjahr (bei ausreichend Wärme und Niederschlag) mit dem Wachstum. Üblicherweise hat man im Mai/Juni die größte Wachstumsrate, sodass in dieser Zeit besonders viel Grünmasse täglich hinzukommt. Dann schieben die Pflanzen ihre Blüten und bilden Samen. Mit der Samenreife ist der diesjährige Zyklus für die Pflanze abgeschlossen, sie zieht sich in den Wurzelstock zurück und lässt den oberirdischen Teil absterben. Das sieht man auch auf Weiden, die man sich für den Spätsommer aufgehoben hat: Es ist totes Gras oder „Heu am Stiel", was auf den Flächen steht, Schimmelpilze halten Einzug und ernähren sich von den toten Überresten der oberirdischen Pflanzenteile.

Stellt man die Pferde ab Juli oder August auf so einen „Grasfriedhof", wollen die Vierbeiner das schön magere, trockene Gestrüpp gar nicht fressen. Stattdessen trampeln sie Bereiche platt, und dadurch, dass jetzt wieder Sonnenlicht an den Boden kommt, keimen frische Blätter aus. Diese werden dann begeistert gefressen, sodass in dem hochstehenden Trockengras Flecken entstehen, wo jeder grüne Halm bis zum Boden abgefressen wird. Das gilt es zu vermeiden, indem man das richtige Weidesystem wählt, damit die Pferde möglichst frisches Grün bekommen und keine tote Wiese.

Hier stehen im Wesentlichen zwei Systeme zur Auswahl: die Nachsteckweide oder die Umtriebsweide. Dabei ist kein System perfekt. Jede Weidehaltung ist von Kompromissen geprägt, und man muss im Einzelfall schauen, welches System sich für welche Bedingungen am besten eignet.

DIE NACHSTECKWEIDE

Bei diesem Weidesystem steckt man kurz hinter dem Tor einen Streifen der Fläche ab durch einen mobilen Zaun. Die Pferde können sich also nicht auf der ganzen Weide verteilen, sondern nur auf diesem Streifen. Ist das Gras nach ein bis drei Tagen abgefressen, wird der Zaun ein Stück weiter gesteckt, sodass der nächste Streifen mit hochstehendem Gras zur Verfügung steht. Auf diese Weise „wandert" der Zaun nach und nach über die Fläche, bis man am Ende der Wiese angekommen ist. Je nachdem, wie groß die Weide insgesamt ist und wie viele Pferde täglich wie lange darauf stehen, ist am Ende der Weide auch die Weidesaison vorbei oder man stellt die Pferde irgendwann auf die nächste Fläche, die nach demselben Muster nachgesteckt wird.

Durch Anlegen eines Paddock Trails entstehen anatomisch kleine Weideflächen, die im Sommer als Umtriebsweiden genutzt werden können. *Foto: Christiane Slawik*

VORTEILE NACHSTECKWEIDE:	NACHTEILE NACHSTECKWEIDE:
Fläche wird im offenen Bereich recht gleichmäßig abgefressen, es bleiben üblicherweise keine Geilstellen stehen.	Hoher Verbiss und Vertritt im geöffneten Bereich, die sensiblen (Mager-)Gräser werden von stressresistenten Hochzuckergräsern verdrängt, Humus geht verloren.
Wenig Nachmähen/ Mulchen notwendig.	Starke Bodenverdichtung im früh geöffneten Bereich, dadurch weniger Bodenlebewesen und mangelhafte Versickerung nach Regenfällen.
Einfach zu misten, da man keine Äppel aus hohem Gras fischen muss.	Pflanzen werden im geöffneten Teil meist bis zur Grasnarbe abgebissen, was sich negativ auf das Wachstum der Gräser und die Ökologie der Wiese auswirkt.
Pflanzen im abgesperrten Teil können reifen und Samen bilden, was der Pflanzenvielfalt zugutekommt.	Langfristig starke Schädigung der Wiese im vorderen Bereich, während gerade bei großen Flächen oft der hintere Bereich im Herbst gemäht werden muss, weil das tote Gras nicht mehr gefressen wird.

DIE UMTRIEBSWEIDE

Die Alternative zur Nachsteckweide ist die Umtriebsweide, manchmal auch Wechselweide genannt. Traditionell wird hierfür die gesamte Weidefläche in zwei etwa gleich große Hälften geteilt. Eine Fläche wird im Frühsommer als Weide genutzt,

VORTEILE UMTRIEBSWEIDE:	NACHTEILE UMTRIEBSWEIDE:
Die Flächen haben immer wieder Ruhephasen, um sich zu erholen.	Viele nicht schmackhafte Pflanzen bleiben stehen, sodass regelmäßig gemäht/gemulcht werden muss.
Bei rechtzeitigem Umweiden nur maßvoller Verbiss und Vertritt. Das schont die Wiesenökologie und beugt Humuserosion und Ansiedlung unerwünschter Pflanzen vor.	Pferde kommen mit jedem Umtrieb auf nahrhaftes „Frühlingsgras", sodass man vor allem bei leichtfuttrigen Kandidaten aufpassen muss.
Durch Nutzung für Heuschnitt bei großen Flächen Futtergewinnung für den Winter und Vermeidung von „Grasfriedhöfen".	Genaue Beobachtung der Weide notwendig, um rechtzeitig umzuweiden.
	Viel Zaunmaterial notwendig.

Auf Nachsteckweiden werden Bereiche mit einem mobilen Zaun so abgesteckt, dass er nach einigen Tagen versetzt werden kann. Die Pferde können die zugängigen Flächen abfressen, und nach zwei bis drei Tagen wird ein anderer Teil der Weidefläche zugängig gemacht. *Foto: Sabine Lehmann*

während die andere reifen kann und man oftmals einen Heuschnitt macht, um einen „Grasfriedhof" im Spätsommer zu vermeiden. Ist auf der gemähten Fläche der zweite Aufwuchs ausreichend, werden die Pferde von der Frühsommerweide auf die Spätsommerweide umgetrieben, um hier bis in den Herbst zu weiden. Oft kann von der Frühsommerweide – je nach Wetterbedingungen – dann im Herbst ein später Schnitt für Rinderheu beziehungsweise Rindersilage gemacht und verkauft werden. Über den Winter ruhen beide Flächen.

Manche unterteilen die Fläche auch in drei oder vier kleinere Weiden und wechseln öfter. Je kleiner die Fläche, umso schneller ist sie natürlich abgefressen, umso eher muss man umweiden. Als Faustregel gilt, dass eine Weide gesperrt werden sollte, sobald der überwiegende Teil der Fläche auf eine Länge von circa 10 Zentimeter abgefressen ist. Denn hier speichert die Pflanze ihre Nährstoffe, um wieder aufzuwachsen. Die hohen Zuckergehalte machen diesen Teil der Gräser zu einem echten Problemfutter für Pferde.

Die unterste Handbreit gehört immer der Pflanze!

Durch das häufige und rechtzeitige Umweiden haben die ruhenden Flächen Zeit, wieder aufzuwachsen. Üblicherweise sollte man die Pferde erst wieder auf die Weidefläche stellen, wenn der Aufwuchs sechs bis acht Wochen alt ist. Das setzt allerdings ausreichende Niederschläge voraus, was nicht in jedem Sommer gegeben ist.

SONDERFORMEN DES WEIDEMANAGEMENTS

Neben den „klassischen“ Formen des Weidemanagements gibt es noch einige Sonderformen, die mehr oder weniger häufig anzutreffen sind.

Streifen-Umtriebsweide

Bei dieser Weideform wird versucht, die Vorteile der Nachsteck- mit denen der Umtriebsweide zu verbinden. Bei der Streifen-Umtriebsweide wird ein Teil der Weide als „Zugangsweg“ geopfert (sofern an der Weide entlang nicht ohnehin ein Zufahrtsweg existiert). Von dort aus werden mehrere Streifen mit mobilen Zäunen abgesteckt, die als Umtriebsweiden genutzt werden. Der Zugangsstreifen kann entweder Teil eines Paddock-Trail-Systems sein oder der erste Weidestreifen, den man nutzt.

Die vom Zugangsstreifen ausgehenden Weidestreifen kann man jetzt nacheinander beweiden lassen kann. Sobald eine Fläche bis zu den bekannten 10 Zentimetern abgefressen ist, wird sie geschlossen und die Pferde werden auf eine andere Fläche gestellt.

Nutzt man die Streifen nicht in ihrer Reihenfolge, sondern immer nur jeden zweiten Streifen, können die Pflanzen von den Flächen dazwischen auch immer wieder auf die schon abgegrasten Streifen versamen, was die Pflanzenvielfalt stärkt. Wählt man die Streifengröße passend zur Menge der Pferde, werden die Flächen relativ gleichmäßig jeweils zweimal über den Sommer abgeweidet. Im Herbst werden die Zäune entfernt, sodass die gesamte Fläche mit Maschinen gepflegt werden kann. Einziger Wermutstropfen dieser Weideform: Man gibt ein Vermögen für Zaunmaterial aus und die Zäune müssen jedes Frühjahr gesetzt und im Herbst entfernt werden, was ein erheblicher Mehraufwand ist.

Ganzjahresweide

Seit einigen Jahren beobachtet man den Trend, dass die Pferde das ganze Jahr über Zugang zu ihrer Weidefläche haben. Häufig wird hier argumentiert, dass diese Form des Weidemanagements am ehesten dem entsprechen würde, wie sich Wildpferde ernähren. Natürlich stimmt es, dass Wildpferde im Winter nicht aufgestallt und mit Heu gefüttert werden, sondern sich ganzjährig ihr Futter in der Natur suchen. Was bei dieser Argumentation leider vergessen wird, ist, dass Pferde in freier Wildbahn auch nicht eingezäunt leben.

Auch wenn Wildpferde ganzjährig „auf der Weide" sind, können wir den riesigen Lebensraum, den sie innerhalb eines Jahres durchqueren, mit unseren begrenzten Flächen nicht nachbilden.
Foto: Christiane Slawik

Ist eine Region von den wild lebenden Pferden weitgehend abgegrast (und das heißt: nicht bis auf die Grasnarbe!), zieht die Herde weiter. Je nach Lebensraum gehören zu ihren Weidegebieten neben Wiesen auch Wälder, Busch-, Heide- oder Tundrenlandschaften. Entsprechend fressen sie im Winter häufig gar kein Gras, sondern das abgestorbene, vom Sommer noch stehen gebliebene „Heu am Stiel", dazu Laub, Rinden, Flechten, Wasser- und Uferböschungspflanzen und was sie sonst noch finden. Dabei sind sie ständig in Bewegung, um neue Weidegründe zu finden, wo noch Futter steht. Man kann am Verbiss durchaus sehen, wenn Pferde durch eine Region gewandert sind, die Natur ist aber nicht komplett runtergefressen. Die Natur hat danach mehrere Wochen oder Monate Zeit, sich zu regenerieren, bis die Herde wieder an derselben Stelle vorbeikommt.

Bei geschlossener Schneedecke oder durchgefrorenem Boden kann man die Weide durchaus mal zum „Toben" öffnen – aber bitte unbedingt die Pferde runterholen, bevor sie anfangen, das gefrorene Gras abzunagen. *Foto: Christiane Slawik*

Schaut man sich im Vergleich dazu „Ganzjahresweiden" an, muss man meist feststellen, dass dort praktisch gar nichts mehr hochwachsen kann. Die Gräser sind bis zur Wurzel abgenagt, Büsche nicht mehr existent und von Bäumen wurde die Rinde abgeschält, sodass sie absterben. Die Flächen sehen eher nach Golfrasen als nach Weide aus. Dementsprechend hoch sind Verbiss und Vertritt und die Flächen haben nie Zeit, sich zu erholen, was die Wiesenökologie erheblich belastet. Unter diesen Bedingungen verschwinden alle erwünschten Magergräser und Kräuter. Nur stressresistente Hochzuckergräser mit hohem Endophytenbesatz verbreiten sich auf solchen Wiesen, dazu all die unerwünschten Pflanzen, wie der Sauerampfer. Bei Ganzjahresweiden sind Krankheiten bei diesen Pferden vorprogrammiert, denn erfahrungsgemäß ist nach spätestens drei Jahren der Bewuchs derart verschoben, dass die ersten Pferde mit Hufrehe und Koliken reagieren. Die Ruhezeiten für Wiesen müssen unbedingt eingehalten werden, will man auch langfristig gute und gesunde Weiden für seine Pferde haben.

WINTERWEIDE

Eine Sonderform der Ganzjahresweide ist die Winterweide, also eine Wiesenfläche, die ausschließlich im Winter als Weide genutzt wird. Im Sommer wird von den Flächen meist Heu gemacht und die Pferde werden nach dem zweiten Schnitt dann ab Oktober oder November auf diese Flächen gestellt. Im Vergleich zur Ganzjahresweide hat die Fläche im Sommer Zeit, sich von Verbiss und Vertritt zu erholen. Hierbei sollte man nicht vergessen, dass im Winter kein nennenswertes Pflanzenwachstum stattfindet. Sind die Pflanzen abgefressen und die Pferde bleiben weiterhin auf den Flächen, setzt das die Pflanzen wieder massivem Stress aus.

Auch wenn man über riesige Flächen verfügt, sodass die Pferde den ganzen Winter über ausreichend Futter finden, kann eine Winterweidehaltung zu Gesundheitsproblemen führen. Grund hierfür ist die Tatsache, dass die Pflanzen an sonnigen, warmen Tagen auch in der kalten Jahreszeit Fotosynthese betreiben. Dabei entsteht Zucker, der in Wachstum umgesetzt werden müsste. Ist es aber nachts zu kalt zum Wachsen, wird der Zucker in Fruktan umgewandelt. Hohe Fruktanwerte im Gras können – insbesondere in Kombination mit dem Vorhandensein von Milchsäurebakterien im Dickdarm – schwere Hufrehe auslösen. Diese tritt bei einer solchen Weidehaltung besonders oft im Herbst beziehungsweise im Frühling auf, wenn die Fruktanwerte am höchsten sind. Deshalb sollte man die Pferde im Winter nur zum Austoben auf die Weiden lassen, wenn eine ausreichend dicke Schneeschicht liegt, die die Pflanzen vor den Pferdehufen schützt, oder wenn der Boden solide durchgefroren ist, sodass die Pferde beim Spielen die Wiese nicht in einen Acker verwandeln. Sind die aufgestauten Energien ausreichend weggebuckelt und ausgaloppiert, sollten die Pferde wieder von den Flächen geholt werden, bevor sie anfangen, das gefrorene Gras zu fressen, was nicht besonders gesundheitszuträglich ist.

Das Weidemanagement hat vor allem langfristig beträchtlichen Einfluss auf die Gesundheit der Pferde. Beachtet man die Bedürfnisse der Weide ebenso wie die der Pferde, steht einer gesunden Weidehaltung nichts im Weg.

Nur weil eine Weide knallgrün ist, hat man noch lange keine „gute“ Weide, denn hier haben sich häufig Hochzuckergräser breitgemacht und die wichtigen Magergräser ebenso wie Kräuterpflanzen verdrängt. *Foto: Christiane Slawik*

Dr. Christina Fritz studierte Biologie mit anschließender Promotion. Nach vielen Aus- und Weiterbildungen im alternativtherapeutischen Bereich führt sie seit über zehn Jahren eine Praxis für integrierte Pferdetherapie. Darüber hinaus ist sie Fütterungsexpertin und hält Vorträge, Fortbildungen und Webinare über artgerechte Pferdefütterung und -haltung. Sie ist Autorin mehrerer Fachbücher wie „Zivilisationskrankheiten bei Pferden“ und „Kinesiologie am Pferd“ und betreibt die Gesundheitswebsite wissen.sanoanimal.de.
www.christinafritz.de

Kolumne

Mineralstoff-ABC

Von **A** bis **B**

von Elke Malenke

Mineralstoffe sind die wichtigsten Elemente, um gewisse Abläufe im Körper zu ermöglichen. Sie sind sozusagen die „Schlüssel des Lebens" und spielen eine erhebliche Rolle für die Gesundheit unserer Pferde. Eine Über- oder Unterversorgung kann langfristig fatale Folgen haben. Elke Malenke hat die für Pferde wichtigsten Mineralstoffe von A bis Z zusammengestellt und auch, was bei Unter- oder Überversorgung zu beachten ist. Wir beginnen mit A wie Aluminium bis B wie Bor. In nächsten Ausgaben werden weitere Mineralstoffe vorgestellt.

Aluminium

Foto links: Christiane Slawik, Foto rechts: adobestock/RHJ

Obwohl das dritthäufigste Element in der Erdkruste, hat es nach dem heutigen Wissensstand im Körper keine physiologische Funktion. Durch Arzneimittel oder auch das Trinkwasser gelangt es dennoch in den Körper und kann in hohen Dosierungen neurotoxische Wirkungen auf das Nervensystem haben.

Überversorgung	In großen Mengen toxisch, Störung der Phosphor-Aufnahme
Unterversorgung	–
Supplementierung notwendig	Nein

Arsen

Foto links: Christiane Slawik, Foto rechts: adobestock/Björn Wylezich

Arsen ist ähnlich wie Uran überall im Boden zu finden und gelangt ebenfalls über Pflanzen oder das Trinkwasser ins Pferd. Sehr wahrscheinlich handelt es sich um ein essenzielles Spurenelement, dessen Bedarfswerte noch nicht geklärt sind. Im Rennsport wurde Arsen früher als Dopingmittel verwendet, da es zu einer vermehrten Bildung der Erythrozyten führt. Wahrscheinlich ist Arsen an der Verstoffwechslung der Aminosäure Arginin beteiligt. In größeren Mengen toxisch und im schlimmsten Fall tödlich.

Überversorgung	Toxisch, in größeren Mengen letal, Beschwerden des Magen-Darm-Trakts, Blindheit, Geschwüre in Mund und Nase
Unterversorgung	Nicht zu erwarten
Supplementierung notwendig	Nein, Bedarf über Grundfutter gedeckt

Foto: Christiane Slawik

Blei

Foto links: Christiane Slawik,
Foto rechts: adobestock/R R

Durch Abgase schlägt sich bleihaltiger Staub auf die Pflanzen nieder und wird so von den Pferden aufgenommen. Alte, bleihaltige Wasserrohre können über das Trinkwasser zu chronischen Bleivergiftungen führen. Blei lagert sich in Knochen und Zähnen ab, kann aber auch in den Organen wie Leber und Niere nachgewiesen werden.

Überversorgung	Toxisch, in größeren Mengen letal, Symptome sehr vielfältig, Husten, Konditionsschwäche, struppiges Fell, Kehlkopfpfeifen, Lahmheiten, Lähmungen etc.
Unterversorgung	–
Supplementierung notwendig	Nein

Bor

Foto links: Christiane Slawik,
Foto rechts: adobestock/RHJ

Bor gehört zu den essenziellen Mikronährstoffen. Es ist beteiligt am Knochen- und Knorpelaufbau und am Vitamin-D-Stoffwechsel, auch bei der Bildung von Hormonen spielt es eine Rolle. Da es für Pflanzen ebenfalls ein wichtiger Mikronährstoff ist, ist Bor in ausreichender Menge im Grundfutter vorhanden und muss nicht supplementiert werden.

Überversorgung	Ataxie
Unterversorgung	In der Regel ausreichend im Grundfutter vorhanden, beim Menschen mit Gelenkentzündungen in Zusammenhang gebracht
Supplementierung notwendig	Nein

Elke Malenke ist Dualaktivierungs®- und Equikinetic®-Trainerin für Pferde und Caniskinetic®-Trainerin für Hunde, Therapeutin für Akupunktmassage nach Penzel an Pferd und Hund und Pferdefütterungsexpertin nach Dr. Christina Fritz. Training, Fütterung und Gesundheit gehören untrennbar zusammen, so ist ein Konzept rund um das Pferd entstanden. Ihr Wissen gibt sie auch gern in Vorträgen, Seminaren und Kursen weiter.
www.equus-solis.de

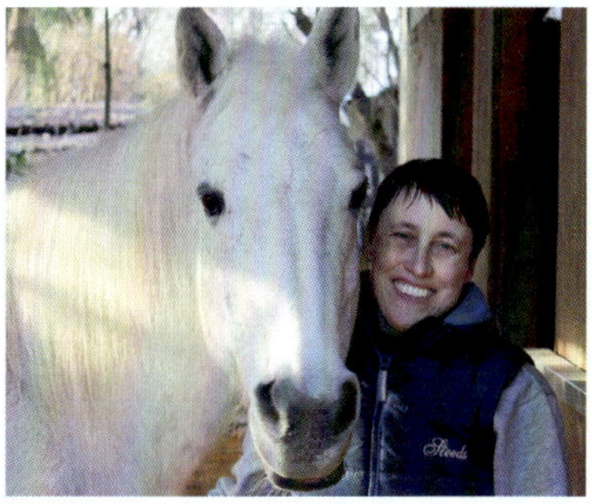

Foto: Christiane Slawik

Was Experten sagen

Der Sperrriemen – Übel oder Hilfe?

von Kirsten Fleiser

In den letzten Jahren gerät ein Ausrüstungsgegenstand immer mehr in die Kritik von Pferdeliebhabern und Tierschützern – der sogenannte Sperrriemen. Das Pferdemaul ist empfindlich, und wie in der Zwischenzeit bekannt ist, sollte das Pferd über feinste Hilfen im Sattel und über fokussierte Gedanken gelenkt und geritten werden – und nur über geringste Einwirkung der Hand. Natural Horse hat Experten dazu befragt, welche Auswirkung der Sperrriemen haben kann, wenn er nicht korrekt sitzt.

Ein Blick in die Reiterwelt spricht leider dafür, dass dieses Zubehörteil geradezu inflationär eingesetzt wird und für die Pferde viele negative Konsequenzen hat. Dabei haben sich schon viele bekannte Experten mehr als nur dezent dazu geräuspert und wahre Plädoyers sowohl gegen den generellen Einsatz als auch speziell gegen die viel zu häufig vorkommende falsche Verschnallung gehalten.

Es ist hier explizit vom Sperrriemen aus dem kombinierten Reithalfter die Rede, dabei haben auch andere Zaumzeuge ähnliche Funktionalitäten. Am nächsten dran ist das Mexikanische Reithalfter, und auch das Hannoversche Reithalfter entfaltet die zusperrende Wirkung. Da es deutlich tiefer verläuft (vier Finger oberhalb der Nüstern), muss es noch lockerer verschnallt werden, um eine gleich große Öffnung des Mauls zu gewährleisten. Als wahre Tarnkappenbomber entpuppen sich die sogenannten Multifunktionszäume. Diese sollten die Anatomie des Pferdeschädels hinsichtlich Muskeln und Nervenbahnen berücksichtigen. Dabei besteht hier keine Möglichkeit, die Zuschnürung des Mauls zu verhindern, da nur so das Verrutschen des Zaums verhindert wird.

Zu den Fakten: Der Sperrriemen war und ist ein Bestandteil des kombinierten Reithalfters. Dieses ist ein Zwischending aus dem traditionellen Hannoverschen Reithalfter mit tief sitzenden Nasen- und Kinnriemen sowie einem Englischen Reithalfter, das nur in Verbindung mit einem Kandarengebiss und einer Kinnkette verwendet wurde. Der Sperrriemen verläuft zumeist durch eine kleine Schlaufe, die mittig am Nasenriemen befestigt ist. Er verläuft schräg Richtung Nase und unterhalb des jeweiligen Mundstücks unterm Kiefer herum – weshalb er genau gesagt ein Kinnriemen ist.

Ein korrekt verschnalltes Reithalfter sollte leicht anliegen und darf weder die Atmung beeinträchtigen noch die Maultätigkeit (Kauen) des Pferdes unterbinden. Der Nasenriemen ist immer als Erstes zu schließen und darf durch das Verschnallen des Kinnriemens nicht in seiner Lage verändert werden. Keinesfalls darf der Kinnriemen so kurz verschnallt werden, dass dadurch der Nasenriemen heruntergezogen und entsprechend gespannt wird. Korrekt bedeutet daher immer individuell passend für den jeweiligen Pferdekopf von Shetty bis Shire.

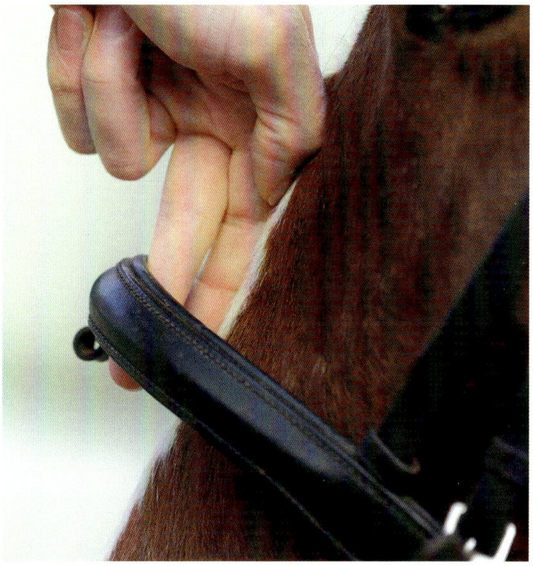

Auch nach dem Schließen des Kinnriemens sollten ein bis zwei Finger zwischen Nasenrücken und Reithalfter Platz haben. *Foto: Andrea Zachrau*

Der richtige Umgang mit dem Pferd sollte schon von Kindheit an gelehrt werden. *Foto: Christiane Slawik*

Darüber hinaus ist der Pferdekopf derart gebaut, dass seitlich auch dann noch ein Finger zwischen Riemen und Trense passt, wenn auf dem Nasenrücken oder auf den Backenzähnen kein Durchkommen möglich ist. Beim Sperrriemen ist das Zuschnüren noch extremer möglich, weil darunter befindliche Strukturen zum Großteil nur aus Knorpel bestehen, viel mehr Weichgewebe aufweisen und die Nasenlöcher hohl sind. Die Hohlräume der Nasenlöcher sorgen für die dringend benötigte Versorgung mit Sauerstoff bei körperlicher Anstrengung.

Argumente für den Einsatz

Wenn man die Verwender fragt, wieso sie sich für eine Trense mit Sperrriemen entschieden haben, kommen oft folgende Argumente:

- Mein Reitlehrer sagt, dass das so gehört.
- Ist fürs Turnier erforderlich.
- Er verhindert, dass die Zunge rausgestreckt wird und über das Gebiss kommt.
- Ich reite auch noch mit anderen Zäumungen.
- Damit mein Pferd nicht durchgeht.
- Mein Pferd läuft damit viel besser.
- Ich schnalle den Sperrriemen immer nur ganz locker ein.

Historisches Gerücht

Die Behauptung, dass der Sperrriemen im Krieg verwendet wurde, damit die Pferde sich beim Sturz nicht den weit aufgerissenen Kiefer brachen, hält sich hartnäckig und wird gern als Rechtfertigung für die Verwendung, insbesondere beim Ausreiten, genutzt. **Helmut Brodka,** 1. Vorsitzender Deutscher Kavallerieverband e. V., hält dies für ein Märchen, das irgendjemand in die Welt gesetzt hat. Seiner Kenntnis nach wurden Remonten mit dem einfachen Hannoverschen Reithalfter ausgebildet und später dann mit Kandare geritten. Ein Sperrriemen wurde nie bei der berittenen Truppe verwendet, auch nicht in anderen Ländern.

Blitzlichter aus der Historie

- Obwohl die Reiterei und auch die Fortbewegung mit Wagen in der Militärzeit ihre Hochblüte hatten, sind keinerlei Abbildungen von Sperrriemen auf Zeitzeugnissen zu finden.
- Auf keinem Reiterdenkmal ist ein Sperrriemen verschnallt.
- Stiche alter Meister zeigen ebenfalls kein kombiniertes Reithalfter.

Konkrete Ansätze für mehr Pferdefreundlichkeit

Um den Einsatz eines Sperrriemens zu vermeiden, gibt es nun einige Lösungen und Denkansätze:

- Korrekt Verschnallen ist ein pferdefreundlicherer Faktor – Weglassen das Optimum.
- Unterricht nehmen, um durch einen verbesserten Sitz immer zügelunabhängiger zu werden, und so wenig wie möglich Zug aufbauen, den das Pferd mit Muskelkraft beantworten müsste.
- Das Wissen und die Argumente gegen die Nutzung des Sperrriemens im eigenen Umfeld verbreiten.
- Insbesondere Werbung auf die korrekte Verwendung hin überprüfen und nach Möglichkeit nur dort kaufen, wo alles korrekt ist oder ganz auf dieses „Accessoire“ verzichtet wird. Fürs Foto ist kein Sperrriemen nötig, um eine Reithose optimal in Szene zu setzen.
- Nur bei Firmen kaufen, die eine klare Positionierung gegen den Sperrriemen einnehmen.
- Besonders Pferdetherapeuten sollten um die körperlichen und seelischen Auswirkungen wissen. Wer sein Pferd liebt, sollte kompetente Behandler auswählen, die den Sperrriemen ablehnen.
- Gerade dann, wenn wir Pferde für unsere Gesundheit nutzen, wie im therapeutischen Bereich, sollten wir nur Betriebe unterstützen, die ohne Zwangsausrüstung arbeiten. Dies gilt genauso für Reitschulen – diese sollten insbesondere Kindern von Anfang an den korrekten Umgang mit Lebewesen vermitteln. Hierzu ist kein Sperrriemen nötig.

Pferdefreundlichkeit an erster Stelle

Einer der einflussreichsten Vorreiter, der sich gegen die Verwendung des Sperrriemens ausgesprochen hat, ist **Michael Geitner.** Er hat bereits vor gut zehn Jahren starke Argumente gegen den Sperrriemen veröffentlicht. Eines der wichtigsten ist, dass durch die Verwendung des Sperrriemens in Kombination mit dem gebrochenen Trensengebiss das Abschlucken des mineralisierten Speichels nicht möglich ist. Dieser Vorgang ist aber wichtig, um die Magensäure zu neutralisieren. Die Folge: die Entstehung von Magengeschwüren. Weitere Dysbalancen: Die Gelenke im Körper stehen miteinander in funktionaler Verbindung. Wenn das Kiefergelenk sich nicht mehr weit genug öffnen kann, werden die Erschütterungen bei jedem Tritt weitergegeben. Gleichzeitig beeinträchtigt der Druck des Kiefergelenks die Produktion der Ohrspeicheldrüse.

Foto: Alexandra Schmid

Foto: Dr. Kai Kreling

Dr. Kai Kreling, Tierarzt und Leiter einer Pferdeklinik, bezieht sich bei der Funktionsbeschreibung des Nasenriemens auf Müselers Reitlehre. Die Rede ist von der Stabilisierung, besser gesagt Entlastung des Unterkiefers. Durch die permanente Verbindung zwischen Reiterhand und Pferdemaul wird ein stetiger Druck auf den Unterkiefer ausgeübt. Reflektorisch versucht das Pferd das Maul entgegen dem Zügelzug immer wieder zu schließen. Dadurch ermüdet der dafür zuständige Kaumuskel, da er sich nicht entspannen kann und folglich schlecht durchblutet wird. Der Nasenriemen leitet nun diesen Druck auf den Oberkiefer um und verteilt ihn. Ohne Nasenriemen würde das Pferd das Maul immer wieder öffnen und eine Kaubewegung ausführen, weil es der permanenten Zügelverbindung nicht konstant gegenhalten kann.

Foto: Rolf Koseck

Barbara Welter-Böller, Ausbilderin für Pferdeosteopathie, erklärt ein besonders spannendes Detail im Wirkmechanismus eines zu eng sitzenden Sperrriemens. Drückt das Gebiss zu stark auf die Zunge als Muskelkörper, versucht das Pferd die Zunge zurückzuziehen. Dafür nutzt es den *M. Stylohyoideus* (Kopfbereich). Dieser hat eine sehnenartige Schlaufe, durch die der *M. Digastricus* (Halsregion) verläuft, der das Maul öffnet – und das auch auf das Zusammenziehen der Schlaufe hin. Dieser Mechanismus wird dann problematisch, da ein zu enger Sperrriemen das Öffnen verhindert, wenn sich das Pferd dem Schmerz entziehen will. Ihrer Einschätzung nach wird das Pferd sich dann stark gegen die Hand wehren und erscheint widersetzlich. Dabei ist es verzweifelt, weil es den ausgelösten Reiz nicht schmerzverhindernd beantworten kann. Die Situation kann über heftiges Kopfschlagen bis zum verzweifelten Steigen eskalieren. Oft ist die Zunge schon durch die Verspannungen blau verfärbt.
Bei manchen Pferden sind deutliche Eindrücke auf dem Nasenbein erkennbar, weil der Druck des Unterkiefers beim Öffnungsversuch des Mauls derart hoch ist, dass er das Nasenbein eindrückt.

Die bekannte Pferdewissenschaftlerin **Dr. Kathrin Kienapfel-Henseleit** sieht aus den oben genannten Hintergründen auch das eigentliche Übel in der Hand des Reiters, die nicht genug nachgibt. Aus ihrer Forschung zu Zügeldruckmessungen weiß sie, dass keiner davor gefeit ist, dass diese oft kiloschwer einwirkt – egal wie fein wir uns die Verbindung zum Maul auch wünschen. Sie selbst reitet daher bis in die hohen Lektionen ohne Nasenriemen und erst recht ohne Sperrriemen, weil sie sich von ihren Tieren explizit eine Antwort auf die eigene Zügeleinwirkung wünscht.

Foto: Dr. Kathrin Kienapfel-Henseleit

Auch aus reiterlicher Sicht gibt es vielfältige Gründe gegen den Einsatz des Sperrriemens. „Ausbildungsskala statt Sperrriemen" – so plakativ fordert es **Christoph Ackermann.** Schon bei seinem Lehrmeister Egon von Neindorff galt der Sperrriemen als Zeichen schlechten Reitens. Für Christoph Ackermann muss für die richtige Weite die Überprüfung mit einem Finger einmal komplett um den Pferdekopf erfolgen, um neben dem Nasenrücken auch weitere prominente und unnachgiebige Strukturen wie die Backenzähne und Unterkieferäste zu berücksichtigen. Dennoch gesteht er, dass es durchaus Momente gibt, in denen man das Pferd gern dabehalten möchte und sich das Maul nicht unbegrenzt weit öffnen lassen darf. Er unterscheidet je nachdem, wie sensibel das jeweilige Pferd im Maul ist. Bei eher stumpfen Pferden ist es ein Leichtes, sämtliche Nasenriemen wegzulassen. Je empfindlicher, desto eher wird der Unterkiefer aufgeklappt und es kann keine reelle Genickbiegung entstehen. Einfach das Maul zuzuziehen ist für ihn die falsche Vorgehensweise und läuft vielen Dingen entgegen. Darin liegt für Christoph Ackermann die Begründung, wieso die Hand nur einen begrenzten Wirkungskreis hat. Er führt das darauf zurück, dass der normale Bewegungsablauf, das sogenannte Vorwärts, im Pferd auch dann erhalten bleiben soll, wenn wir das Pferd reiten wollen. Ziel ist ja das Reiten von hinten nach vorn. Dafür wird zunächst die Hanke geschult, angefangen mit dem Takt, wodurch der Rücken stärker wird und sich Losgelassenheit einstellen kann. Erst dann kommt

Foto: Kirsten Fleiser

das Thema Anlehnung, indem das Pferd die Hand des Reiters sucht. Die Idee dazu lautet: Was wir zentnerschwer hineintreiben in unser Pferd, empfangen wir in unserer Hand als Milligramm. Sobald man Kilos in der Hand hat, merkt man das, selbst wenn man keinen Vergleich hat. Der Sperrriemen sorgt dafür, dass das richtige Maß, das geübt und trainiert werden muss, gar keine Rolle mehr in der Partnerschaft zwischen Pferd und Mensch spielt. Hier helfen die sogenannten Reflexzonen. Diese sprechen wir vornehmlich über den Sitz an, weshalb ein balancierter und folglich zügelunabhängiger Reitsitz so wichtig ist, damit wir die Wirkungspunkte auf die Laden nicht übermäßig ansprechen. Wer noch nicht so weit ist, der gehört an die Longe, denn eine echte Handhilfe hat ja eine Funktion. Der Sperrriemen ist ein vom Ansatz her verkehrtes Gerät, denn Durchlässigkeit bedeutet, dass wir eine gelungene Anlehnung haben, indem zur Losgelassenheit der Schwung dazukommt und das Pferd weiterhin leicht die Hilfen von hinten nach vorn genauso durchlässt, sodass die Bewegungen verhaltend von vorn nach hinten fließen können. Je nachdem, wie wir die Hilfen ins zentrale Nervensystem des Pferdes einspeisen, werden sie übersetzt und als Bewegung ausgegeben – bestenfalls als Losgelassenheit. Da Reiter mitten auf dem Rücken des Tiers sitzen, müssen wir in der Hand besonders weich bleiben, weil Pferde extrem feinfühlig sind und das Schließen der Beine die Wirkung des Kreuzes vervielfacht. Was immer wir dann eng machen, hat zur Folge, dass auch der Rest im Körper nicht mehr elastisch schwingen kann.

Foto: Christian Manz

Klassiktrainerin und Autorin **Steffi Ruddigkeit** alias **Marie Symbill** hält vom Sperrriemen ebenfalls nur eines – und zwar Abstand. Dem Pferd das Maul zu verbieten, es zu entmündigen und so zu verhindern, sich der seinem Schmerzempfinden nach zu harten Einwirkung zu entziehen, ist für sie ein absolutes Tabu. Sie führt dafür drei sehr wichtige Ursachen an:

1. Das Pferd versteht die Zügelhilfe nicht, deshalb kann es dem Reiter nicht folgen.
2. Das Pferd empfindet Schmerzen durch eine zu harte Hand, ein ungeeignetes Gebiss oder dessen zu rüdem Gebrauch.
3. Das Pferd will sich nicht unwohl fühlen wie zum Beispiel durch schlechte Erfahrung, Unbehagen oder Trennung von der Herde.

Für die Ausbilderin sind das ausreichend Anlässe, das Gehirn zu benutzen anstatt weiterer Riemen. Ansatzpunkte für die gewünschte Reaktion sieht sie in der Bodenarbeit und in gebisslosen Zäumungen. Statt der Einwirkung über die reine Zügelhilfe, die mittels Sperrriemen durchgesetzt werden soll, empfiehlt sie, durch Gymnastizierung das Verständnis der anderen Hilfen und deren feines Abstimmen aufeinander zu schulen.

Beweglichkeit der Zunge

Für das erfolgreiche Lernen neuer Aufgaben ist die freie Beweglichkeit der Zunge von immenser Bedeutung. Sie ist hoch innerviert und repräsentiert auch auf der Großhirnrinde ein beachtliches Areal. Wenn das Pferd kauen, lecken und schlucken kann, werden mehr Informationen neuronal miteinander verknüpft und das motorische Lernen deutlich erleichtert. Zur Entlastung der Zunge könnte der Sperrriemen dann so verschnallt werden, dass noch mehr Druck auf den Nasenrücken umgeleitet wird. Dementgegen steht die Notwendigkeit für weiteres Zubehör in Form eines druckmindernden Nasenpolsters. Allerdings entsteht der Druck auch hier in der Reiterhand und widerspricht einer sensiblen Reitweise, weshalb am besten auf alle Hilfsmittel verzichtet werden sollte.

Kirsten Fleiser, studierte Versicherungsbetriebswirtin aus Köln, wandte sich nach einem Sabbatjahr in spanischen Reitbetrieben immer mehr der Gesunderhaltung von Pferden zu. Es folgten Qualifizierungen zur zertifizierten Trainerin für Dual-Aktivierung® und Equikinetic® sowie zur APM-Therapeutin nach Penzel für Pferde und zur equinen Bowen-Anwenderin. Neben ihrer Moderatorentätigkeit setzt sie sich insbesondere auf Mallorca für die Verbreitung von pferdefreundlichem Wissen ein.
www.caballance.de

Quellen: https://pferde-ausbildung.de/der-sperrriemen/

Foto: Christiane Slawik

Auswirkung des Sperrriemens

auf Körper und Psyche

von Ralf Döringshoff und Yve Ehler

Jeder Reiter wünscht sich ein durchlässig gehendes Pferd mit weichen Bewegungen unter dem Sattel. Durchlässigkeit und weiche Bewegungen sind dann möglich, wenn das Pferd vom Maul bis zur Schweifrübe locker ist. Dazu gehört, dass es entspannt auf dem Gebiss kaut. Entspanntes Kauen ist nur möglich, wenn das Pferd den Unterkiefer frei bewegen kann, und genau das verhindert ein zu eng verschnallter Sperrriemen. Aber die Auswirkungen beschränken sich nicht nur auf den Ober- und Unterkiefer, sondern ziehen sich durch den ganzen Körper und im Endeffekt auch durch die Psyche.

Reitweiseübergreifend empfindet die Reiterei ein zufrieden (auf dem Gebiss) kauendes Pferd als angenehmes und leichtrittiges Reitpferd. Dazu erarbeiten wir uns die Wirkung eines bedeutenden Leitsatzes für die tägliche Arbeit mit dem Pferd, formuliert von Gustav Steinbrecht: Richte dein Pferd gerade und reite es vorwärts, fleißig, nicht eilig!

Gehen wir einen Schritt zurück und versetzen wir uns einmal in den Körper des Menschen. Die Idee hinter Steinbrechts Satz zeigt eine Übung aus dem Bereich der körpereigenen Wahrnehmung.

Als Ausgangssituation setzen Sie sich auf einen Stuhl und drehen Ihren Kopf *langsam* nach links und nach rechts, so weit, wie es in einer fließenden Bewegung möglich ist. Diese endet schon, wenn die Bewegung schwerer wird beziehungsweise der ganze Oberkörper in die Drehbewegung geht.

Damit haben Sie Ihre aktuelle Lockerheit im Genick geprüft. Nun stellen Sie einen Fuß bei leicht gewinkeltem Knie nach vorn auf den Absatz und lassen Ihre Fußspitze kreisen, jeweils zehn bis zwölf Mal in beide möglichen Richtungen. Die Übung machen Sie dann mit dem anderen Fuß.

Anschließend überprüfen Sie erneut aus der Ausgangsposition heraus mit Drehen des Kopfes die jetzige Lockerheit im Genick. Wenn Sie merken, dass Sie Ihren Kopf deutlicher nach links beziehungsweise rechts drehen können, haben Sie mit einer Lockerung Ihres Sprunggelenks durch die kreisenden Bewegungen (aktive 3D-Mobilisation) letztlich Ihr Genick lockerer gemacht. Die Idee von Gustav Steinbrecht steht hinter der Übung über die Lockerung des Genicks, wobei diese Kreisbewegung beim Pferd nicht in den Sprunggelenken möglich ist, aber in den Hüftgelenken. Hier setzt der mittlere Kruppenmuskel *(M. gluteus medius)* an, der im Bereich der Lendenwirbelsäule in den langen Rückenmuskel *(M. longissimus dorsi)* übergeht. Der lange Rückenmuskel zieht dann, alle Anteile berücksichtigend, bis zum Hinterkopf des Pferdes.

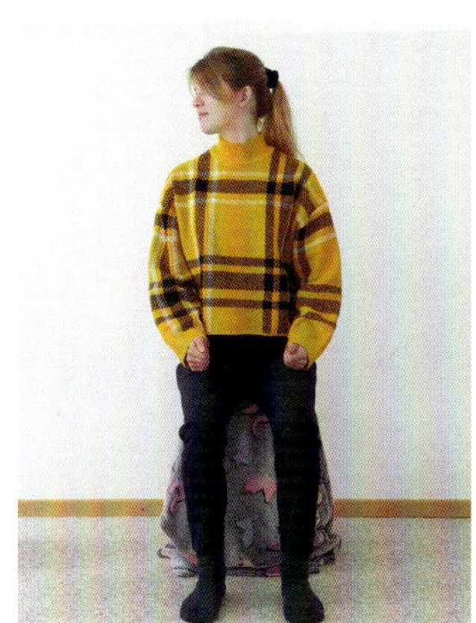

Fotos: Ralf Döringshoff

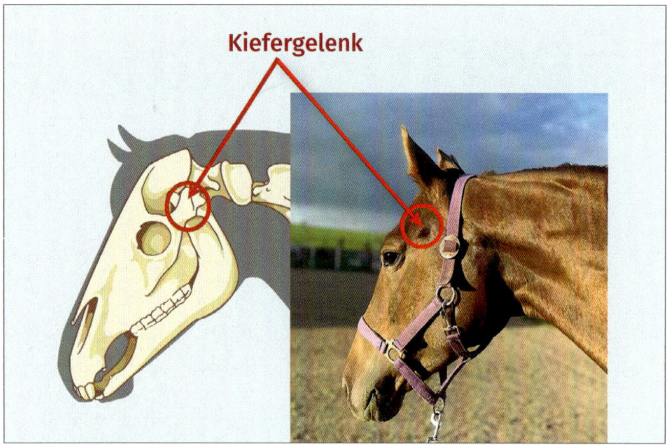

Das Kiefergelenk, in dem die Kaubewegungen stattfinden, gilt als Schlüsselgelenk für Losgelassenheit und Durchlässigkeit.
Grafik: Ralf Döringshoff, Foto: Nina Deutschmann

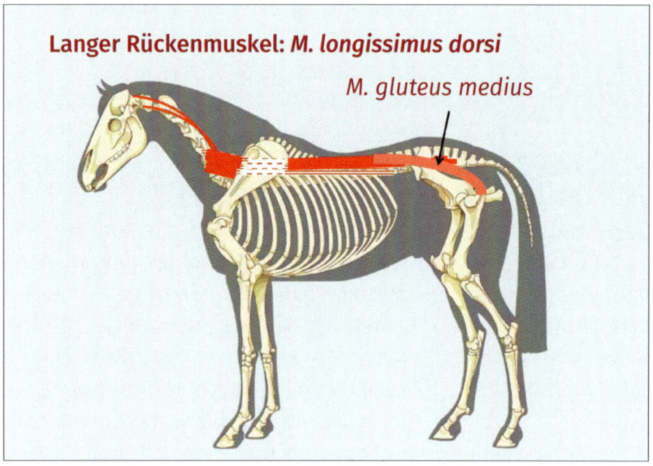

Über diese (dorsale) Muskelkette besteht eine direkte Verbindung zwischen dem Genick und den Hüftgelenken des Pferdes.
Grafik: Ralf Döringshoff

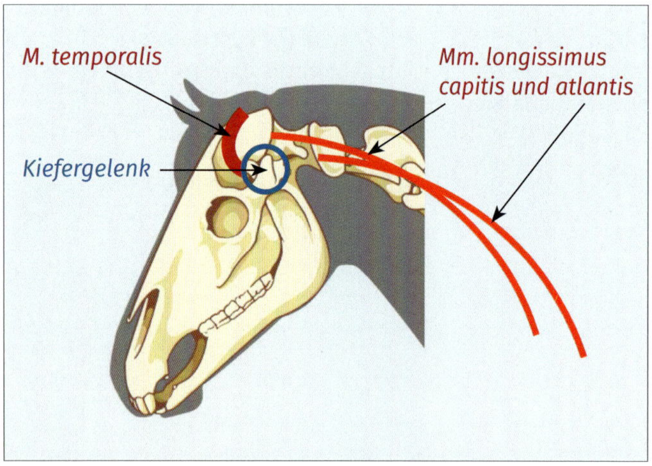

Anatomisch genau betrachtet setzt der Kopfteil des langen Rückenmuskels am Hinterkopf des Pferdes an. An der Vorderseite des Kopfes, der Stirn, finden wir den *M. temporalis*, einen bedeutenden Kaumuskel.
Grafik: Ralf Döringshoff

So darf man anatomisch die „direkte" Verbindung zwischen den Kiefergelenken und den Hüftgelenken beschreiben. Die fleißige, nicht eilige Bewegung des Pferdes beinhaltet eine größtmögliche rhythmische Bewegung (aktive 3D-Mobilisation) in den Hüftgelenken. Die umgebende Muskulatur wird dadurch gelockert, und diese Lockerheit setzt sich über die sogenannten Muskelketten (hier die gezeigte sogenannte dorsale Kette der kräftigsten Rückenmuskeln) und Faszien durch (reiterlich gesprochen) über den Rücken fort bis über das Genick. Und diese Erfahrung haben Sie gerade in Ihrem eigenen Körper gemacht.

Unter der Prämisse, dass der Mensch diese hinter ihm beginnende Lockerheit der Muskeln über den Entlastungssitz unter sich nach vorn durchlässt (Durchlässigkeit), das Pferd von hinten nach vorn arbeitend, beginnt nun idealerweise das Pferd, diese Lockerheit seinerseits zu fördern, indem es in anderen Gelenken eine aktive 3D-Mobilisation beginnt – mit Kaubewegungen in den Kiefergelenken.

Kontroverse zum cranio-sacralen Rhythmus

Wie aber soll das Pferd über Kaubewegungen die beginnende Lockerheit weiterfördern, wenn ihm Ober- und Unterkiefer mit festgezogenem Sperrriemen so aufeinandergepresst werden, dass keine Bewegung in den Kiefergelenken möglich ist?

Kleine Anmerkung: So wie die verbesserte Mobilität in den Gelenken über Muskelketten und Faszien zur Vergrößerung des Bewegungsausmaßes (ROM – Range of Motion) weiterer Gelenke führt, so führt auch die Bewegungseinschränkung von Gelenken über den gleichen Weg zur Bewegungseinschränkung weiterer Gelenke.

Somit erscheint es als ein Paradoxon, eine Kontroverse ganz besonderer Art, wenn man einerseits das zufriedene Kauen des Reitpferdes wünscht und anstrebt, auf der anderen Seite aber durch die Ausrüstung und deren Verschnallung dieses gewünschte Kauen deutlich einschränkt und teilweise unmöglich macht.

Gibt es eine schlüssige Erklärung für diese Kontroverse? Wir sehen die zugeschnürten Pferdemäuler primär im leistungssportorientierten Bereich der Branche. Hier scheint es (dankenswerterweise immer weniger, aber noch nicht genügend reduziert) normal zu sein.

Unabhängig von der Gangart muss die Lockerheit durch den Entlastungssitz über den Rücken nach vorn gelassen werden. *Fotos: Ralf Döringshoff*

Für ein Verständnis der folgenden Erklärung zur Wirkung der stramm verschnallten Ausrüstung am Pferdekopf leiten wir Sie durch ein weiteres Experiment aus dem Bereich der körpereigenen Wahrnehmung. Sie brauchen dafür eine Reitkappe mit verstellbarem Innenteil. Zunächst erfühlen Sie mit Ihren Fingern verschiedene Stoffe wie Wolle, Synthetikfasern, Fleece und nehmen wahr, wie gut Sie das jeweilige Material und die Unterschiede erfühlen können. Dann setzen Sie sich die Reitkappe auf und verstellen den Innenteil möglichst eng. Warten Sie circa zwei Minuten, dann erfühlen Sie wieder die verschiedenen Stoffe. Können Sie die Materialien immer noch so gut unterscheiden? Nein? Dann haben Sie jetzt die Wirkungsweise des über die stramm verschnallte Ausrüstung reduzierten sogenannten craniosacralen Rhythmus kennengelernt.

Der Pferdeschädel (Cranium) besteht aus unter sich leicht beweglichen Schädelplatten; deren herz- und atemfrequenzunabhängige Bewegung untereinander darf man als Pumpmechanismus für die Rückenmarksflüssigkeit (Liquor) bezeichnen. So wird über die Schädelplattenbewegung das Liquor vom Schädel (Cranium) in kleinen Wellenbewegungen bis zum Kreuzbein (Sacrum) geschickt. Damit werden die Nerven im Wirbelkanal regelmäßig von der Rückenmarksflüssigkeit umspült, was sehr wichtig und entscheidend für den idealen Informationstransport ist. Fehlt die rhythmische Liquorbewegung durch die Wirbelsäule, reduziert das die Fähigkeit der Nerven, Informationen zu transportieren. Damit nimmt letztlich die Sensibilität in den Extremitäten ab. Darum konnten Sie die Materialunterschiede nicht mehr so gut fühlen mit der eng verschnallten Reitkappe auf dem Kopf.

Die Reduzierung der Sensibilität in den Extremitäten (Beinen) unterdrückt klare Hinweise für Schonhaltungen der hochsensiblen Strukturen im unteren Bereich der Gliedmaßen. Diese Schonhaltungen führen gern zu ungenügender Ausführung von Lektionen und Ansprüchen (Rittigkeitsprobleme). Das Problem lässt sich mit dem Reduzieren der Sensibilität und damit des Schmerzempfindens unter anderem durch Einschränkung des craniosacralen Rhythmus umgehen. Der zu eng verschnallte Sperrriemen ist nicht nur eine Kontroverse zum Wunsch, dass sich das Pferd locker, gelassen und geschmeidig bewegt. Mit Blick auf den cranio-sacralen Rhythmus ist seine sehr enge Verschnallung auch tierschutzrelevant.

Gesundheitliche und psychische Aspekte

Den Sperrriemen relativ lose zu verschnallen, minimiert zwar das Risiko, das Bewegungsausmaß der Kiefergelenke und den craniosacralen Rhythmus zu reduzieren, allerdings erhöht sich das Risiko, dass der Riemen dann, insbesondere in den schwungvollen Gangarten, eine das Pferd irritierende Eigendynamik entwickelt. Er „tanzt" dann recht unkontrolliert im Bereich der hochsensiblen Tasthaare herum. Davon sollte man das Pferd befreien, es muss geritten ohnehin sehr viele Informationen selektieren und verarbeiten.

Weshalb verwendet man heute noch Sperrriemen? Es verhält sich wie mit vielen fragwürdigen Ausrüstungsgegenständen – werden diese so verschnallt, dass sie eine Wirkung zeigen, so sind die Nachteile für die physische und psychische Gesundheit des Pferdes einschneidend. Werden sie eingesetzt ohne Wirkungsgrad, sind sie überflüssig und eventuell irritierend.

Hilfe, ich bekomme nicht genug Luft!
Foto: Christiane Slawik

Der Gedanke, mit dem Sperrriemen „Fehler" des Pferdes kaschieren oder unterbinden zu wollen, verdeutlicht einen Teufelskreis aus Hilflosigkeit und Unwissenheit. Die Fragen sollten lauten: „Warum sperrt das Pferd das Maul auf beim Reiten? Warum versucht es die Zunge über das Gebiss zu bekommen?" Da diese Verhaltensweisen eine Äußerung des Pferdes in Richtung Schmerz oder mindestens Unwohlsein sind, sollte man sich bewusst machen, dass das „Maskieren" des Symptoms lediglich zu einer Verschiebung der Problematik, meist umso stärker ausgeprägt, führt.

Da Pferde ausschließlich über die Nüstern atmen können, ist insbesondere der eng verschnallte Sperrriemen als existenzieller Stressor zu betrachten. Einem Lebewesen die Atmung zu erschweren und gleichzeitig sportliche Leistung zu verlangen, lässt aus ethischer Sicht keine zwei Meinungen zu.

Physische Einschränkungen

In Bezug auf die Atmung führt die Einschränkung der Nüstern- und Unterkieferbeweglichkeit zunächst zu folgenden übergeordneten Problemen:

Nüstern: Das Weiten der Nüstern für vermehrte Atemzufuhr bei Belastung wird eingeengt. Dies führt zu einer Rückkopplung über das Gewebe und Nervensystem und schlussendlich zu reflektorischen Gegenmaßnahmen wie vermehrte Muskelspannung der direkt betroffenen Bereiche und Erhöhung der Atemfrequenz. Dauert dieser Zustand längerfristig an, entsteht Distress für das Pferd, und zwar psychisch und physisch.

Unterkiefer mit Zunge und Speichelbildung: Durch die deutliche Einschränkung der Unterkieferbeweglichkeit findet auch in der Zunge auf Dauer ein unphysiologischer Spannungszustand statt. Die Zunge als Muskel muss für den physiologischen Schluckprozess entspannt und frei arbeiten können. Findet jetzt vermehrter Speichelfluss und Schaumbildung beim Reiten statt und die genannten Bereiche sind in ihrer physiologischen Funktion stark eingeschränkt, fällt dem Pferd das Abschlucken des Speichels immer schwerer. Dies ist nicht nur unangenehm und kann zu Verschlucken und Hustenreiz führen, sondern ist ein weiterer Stressor und verschärft die Gesamtsituation.

Kiefergelenk: Die Kiefergelenke werden in Therapeutenkreisen gern auch als das „dritte Paar Beine" des Pferdes bezeichnet – dies verdeutlicht den immensen Einfluss auf den gesamten Organismus. So wie bei uns Menschen die Kiefergelenke sehr gute Stressanzeiger sind, sind sie es beim Pferd ebenso.

Psychische Auswirkungen

Kennen Sie die Sprüche: „die Zähne zusammenbeißen" oder: „sich durch etwas durchbeißen müssen"? Das wird mit dem eng verschnallten Sperrriemen dem Pferd suggeriert. Diese Sprüche verdeutlichen, dass bei großer Stressbelastung automatisch Körper und Psyche in eine Art Funktionsmodus schalten und das Gehirn mit Nerven- und Hormonsystem, Faszien und Muskeln alles dafür tut, das System durch die Belastung zu bringen. Der Kopf mit den Kiefergelenken (und der Verbindung zur Halswirbelsäule über den ersten Halswirbel, den Atlas) spielt hier eine zentrale Rolle.

Bei zu starkem oder zu lang anhaltendem Distress laufen biologische Programme in uns Säugetieren ab, die evolutionär verankert sind. Bedrohung führt zu Flucht- oder Kampfbereitschaft (fight or flight response) oder – bei Ausweglosigkeit und erlernter Hilflosigkeit – zur Aufgabe (freeze). Je nach individuell empfundener Intensität der „Bedrohung" findet die Stressantwort dazu proportional statt. Das evolutionäre Flucht- oder Kampfverhalten des Pferdes wird typischerweise als Unrittigkeit oder Unwilligkeit interpretiert. Ein auslösender Faktor ist jedoch der eng verschnallte Sperrriemen.

Ebenso ein biologisches „Urprogramm" ist das instinktive Schützen des Genicks – des Übergangs vom Schädel zur Halswirbelsäule mit Rückenmark. Denn Genickbruch bedeutet den Tod. Somit ist es eine schlaue biologische Erfindung, bei Aktivierung der Alarmbereitschaft auch mit großer Anspannung von Muskulatur im Bereich Kopf und Hals zu reagieren für (temporäre) maximale Stabilisation dieses Bereichs.

Bedingt durch die Anatomie mit ihren funktionellen Ketten im Körper sowie der Reaktivität bei gewissen Emotionen (auch Distress) finden wir bei Einschränkung und Problemen im Bereich der Kiefergelenke. Das bedeutet immer auch Probleme im Genickbereich – muskulär und segmental. Im weiteren Verlauf (unter anderem durch die Verbindung des langen Rückenmuskels) treten auch Probleme entlang des Rückens auf – bis hin zum Becken mit Kreuzbein und der Hinterhand (Motor des Pferdes).

Es geht beim Nutzen eines Sperrriemens nicht um ein kleines Riemchen, das etwas zu fest am Körper anliegt, sondern dass dieses über sämtliche Verbindungen im Körper fast überall zu Problemen und Schmerzen führen kann, weil grundlegende biodynamische Bereiche limitiert werden. Es folgt unvermeidbar mit der Zeit ein Dominoeffekt durch den gesamten Körper hindurch.

Daher sollte man sich unbedingt vor Augen führen, welch immenser Einfluss auf das Wohlbefinden und die Stresssysteme stattfindet, wenn umgekehrt – bedingt durch die Ausrüstung wie ein eng verschnallter Sperrriemen – der Bereich des Sympathikus (aktivierender Teil des Nervensystems) ständig alarmiert wird. Der (Ver-)Sperrriemen hat funktional und biologisch keinerlei Vorteile für die Gesundheit, das Wohlbefinden, die Gymnastizierung oder gar Rittigkeit des Pferdes.

Ralf Döringshoff ist Pferdewirtschaftsmeister, Leistungssporttrainer, Physiotherapeut und Osteopath für Pferde. Als Fachbuchautor und Dozent für Osteopathie, Biomechanik und Trainingslehre berät er Pferdebesitzer und behandelt Pferde. Er stellt sein Wissen in verschiedenen Fachpublikationen und Fachforen zur Verfügung und schreibt für namhafte Reitmagazine. Als Mitglied in verschiedenen Pferdeexperten-Netzwerken hält er praxisnahe Vorträge. Der Reitsimulator „Sikorei®" wurde von ihm entwickelt.
www.gymnastizieren-statt-dressieren.de

Yve Ehler von equi-delta® lebt in Norddeutschland und ist international als spezialisierte Pferdeosteopathin tätig. Sie begründete die Trauma-Pferdeosteopathie® und gemeinsam mit Ralf Döringshoff das Konzept Gerittene Osteopathie®. Als Dozentin und Referentin gibt sie ihr Wissen weiter in Form von Seminaren, Vorträgen sowie in ausgewählten Ausbildungsinstituten.
www.equi-delta.de

Foto: Diana Wahl

Neurofasziale Regulationstherapie

Nervenschmerzen erkennen und sanft therapieren

von Stephanie Reineke

Immer wieder werden Pferde in den Kliniken vorgestellt, bei denen keine Ursache für ihre Lahmheit gefunden werden kann. Selbst bildgebende Verfahren und Leitungsanästhesie können manchmal der Ursache nicht auf den Grund gehen. Könnten eventuell Läsionen im peripheren Nervensystem die Ursache dieser Lahmheiten sein?

Die Neurofasziale RegulationstherapieÆ für Tiere ist entstanden, nachdem ich selbst jahrelang unter Nervenschmerzen in den Beinen gelitten habe, die von keinem Arzt erkannt wurden. Weder Schmerzmittel noch Physiotherapie brachten Linderung. Schmerzen im peripheren Nervensystem können mit bildgebenden Verfahren nicht dargestellt werden. Da aber immer wieder Pferde mit unklaren,

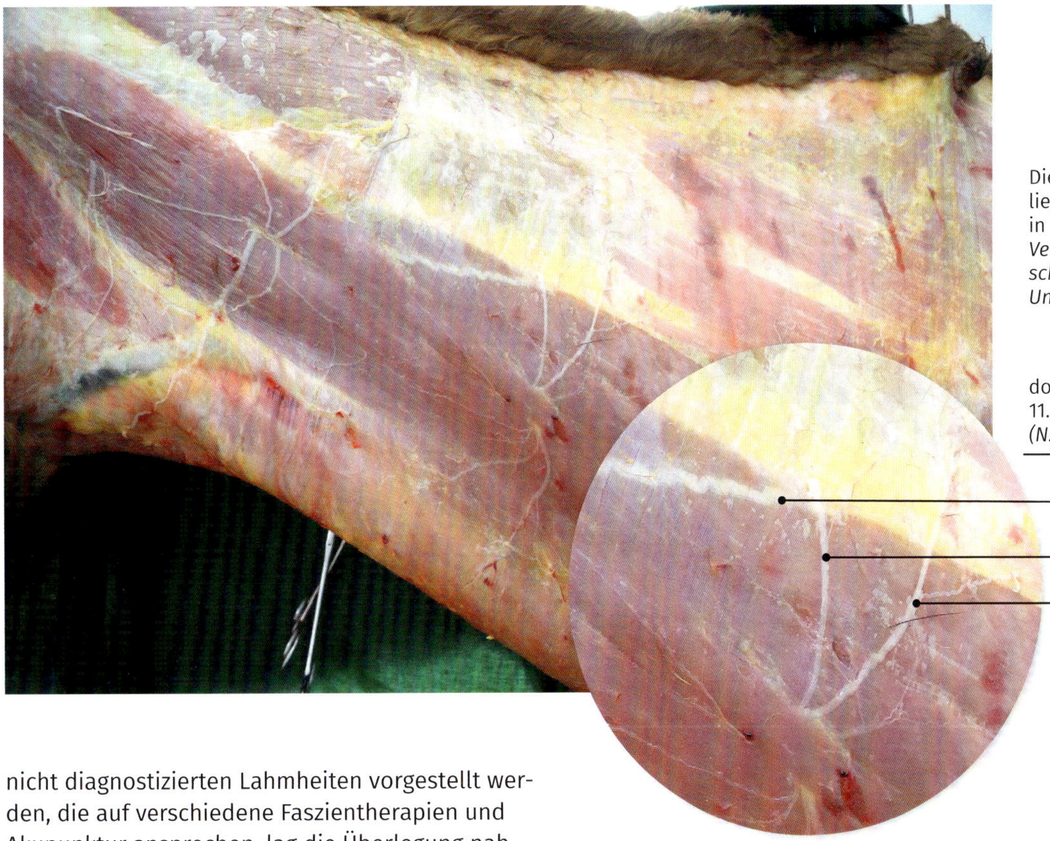

Die Halsnerven liegen geschlängelt in der Faszie. *Foto: Veterinärmedizinisches Institut der Universität Leipzig*

nicht diagnostizierten Lahmheiten vorgestellt werden, die auf verschiedene Faszientherapien und Akupunktur ansprechen, lag die Überlegung nah, sich mit dem peripheren Nervensystem in Verbindung mit den Faszien zu beschäftigen.

Die Neurofasziale RegulationstherapieÆ (NFSR) ist eine relativ neue Therapieform, die sich auf die Beeinflussung des neurofaszialen Systems des Körpers konzentriert. Das neurofasziale System umfasst das Nervensystem und das Bindegewebe (Faszien), das den Körper durchdringt und alle Organe, Muskeln und Gewebe miteinander verbindet. Diese Therapieform basiert auf der Annahme, dass viele Erkrankungen auf einer Störung im neurofaszialen System beruhen. Durch verschiedene Techniken der Faszientherapie sowie der Akupunktur soll das neurofasziale System wieder ins Gleichgewicht gebracht werden. Die NFSR soll dabei helfen, die Selbstheilungskräfte des Körpers zu aktivieren und damit eine Verbesserung von Schmerzen, Bewegungseinschränkungen oder anderen Beschwerden zu erreichen. Es handelt sich dabei um eine sanfte Therapieform, die auch präventiv eingesetzt werden kann.

Faszien und Nerven

Dass die Faszien den ganzen Körper als ein kontinuierliches Netzwerk durchdringen und umhüllen, ist mittlerweile wohl überall bekannt, dass aber die peripheren Nerven in den Faszien eingebettet sind, in diesen gleiten und sich bei Bewegung entfalten können müssen, um ohne Störungen funktionieren zu können, ist leider noch nicht so weit verbreitet.

Der Nerv an sich ist nur wenig dehnbar. Seine Dehnfähigkeit liegt bei etwa zwei Prozent. Da es aber auch relativ lange Nerven mit einem großen Versorgungsgebiet gibt und diese alle Bewegungen mitmachen müssen, hat der Körper sich etwas Besonderes einfallen lassen. Er hat die Nerven in geschlängelter Form in das Fasziengewebe eingebettet.

Die Faszien verbinden alle Anteile des Körpers miteinander und sorgen für die Kraftübertragung im Pferdekörper. Zu den Faszien werden mittlerweile die äußere Körperhülle *(Faszia superfizialis)*, die tiefen Faszien *(Faszia profunda)*, die den Körper gliedern, Ligamente, Sehnen, Gelenkkapseln, Hirnhäute, Bauchfell, Peri-, Epi- und Endokard, das Periost, die Muskel-, Gefäß- und Nervenhüllen gezählt. Sie können sich, ähnlich wie Muskeln, zusammenziehen, sind mit Millionen von

Nervenendigungen des sympathischen Nervensystems durchsetzt, stehen mit dem autonomen Nervensystem (Sympathikus und Parasympathikus) in ständiger Verbindung und funktionieren so als Sinnesorgan für die Wahrnehmung im Pferdekörper.

In allen Faszien verlaufen Nerven und Blutgefäße, in und um die Muskulatur, um diese zu versorgen. Bei einer Radialislähmung nach einem Tritt oder Sturz ist nicht die Muskulatur gelähmt, sondern die Nervenweiterleitung, über die der Muskel angesteuert wird, ist durch die Kompression des Radialisnervs gestört. Damit ein Nerv voll funktionsfähig sein kann, muss er frei von jeglichem Druck und frei beweglich im Gewebe sein.

Hier kommt nun das Fasziennetzwerk ins Spiel. Viele Symptome der therapeutischen Praxis, insbesondere auch in Verbindung mit Schmerz, zeigen, dass das Problem in einer Behinderung des nervalen Flusses besteht. Ein Nerv sollte sich ohne Reiz und Reibung frei im Gewebe bewegen können. Unter konstanter Dehnung oder Druck verliert der Nerv bereits nach 10 Minuten 30 Prozent seiner Nervenspannung und so auch 30 Prozent seiner Fähigkeit, Informationen an die Muskeln weiterzugeben. Ein unpassender Sattel, eine schlecht sitzende oder zu eng verschnallte Trense oder auch Ausbinder behindern demnach nicht nur das Pferd in seiner Bewegung, sondern können auch Nerven schädigen. Auch unsachgemäß oder mit zu viel Druck angewendete Faszienrollen können Nervenläsionen verursachen.

Die Faszien befähigen die Blutgefäße und Nerven, sich ohne Reiz und Reibung zu bewegen, und sollten deshalb immer gut mit Flüssigkeit versorgt und voll elastisch sein. Bei Immobilitationen, zum Beispiel durch Verletzungen, Boxenruhe oder Ausbinder, kann das Fasziengewebe verkleben. Durch dieses verklebte Fasziengewebe können Nerven gequetscht werden und Schmerzen verursachen, die zu Problemen im Bewegungsapparat führen können.

Bedauerlicherweise können Nervenläsionen in Form von Einschränkungen in ihrer Gleit- und Dehnfähigkeit noch nicht bildgebend dargestellt werden.

Nerven können aber in ihrem Verlauf getestet und über verschiedene Faszientherapien wieder voll funktionsfähig gemacht werden.

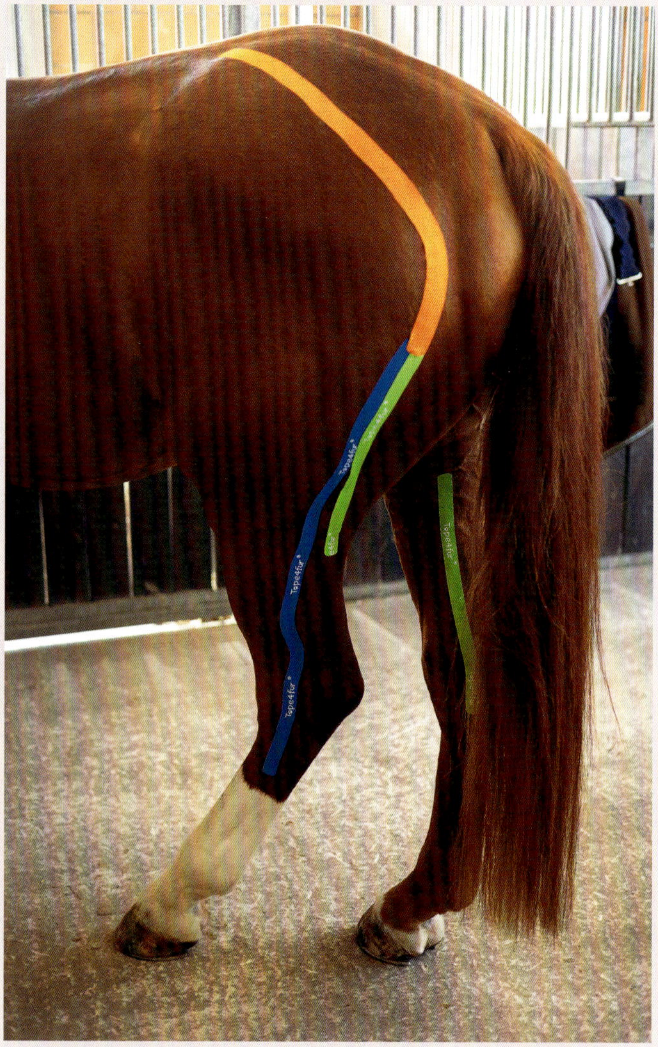

Der Ischiasnerv (orange) mit Fibularisnerv (blau) und Tibialisnerv (grün) in ihrem Verlauf. *Foto: Marie Schade*

Neurofasziale Regulationstherapie am Beispiel des Nervus ischiadicus

Es werden immer wieder Pferde mit Rittigkeitsproblemen oder Lahmheiten vorgestellt, bei denen das Bewegungsmuster und/oder der Tastbefund auf ein Problem im Ischiasnerv hindeuten.

Anatomische Fakten zum Ischiasnerv

Der Ischiasnerv verlässt das Rückenmark durch die *Foramen intervertebrale* (Zwischenwirbelräume) von L6 bis S2 (zwischen 6. Lendenwirbel und 2. Kreuzbeinwirbel) und gelangt über das Hüftbein an den Oberschenkel. Er versorgt die Hüftgelenkskapsel und die Hintergliedmaße sensibel und gibt Äste an den *Nervus glutaeus* ab. Der *Nervus ischiadicus* versorgt den *Musculus glutaeus profundus*,

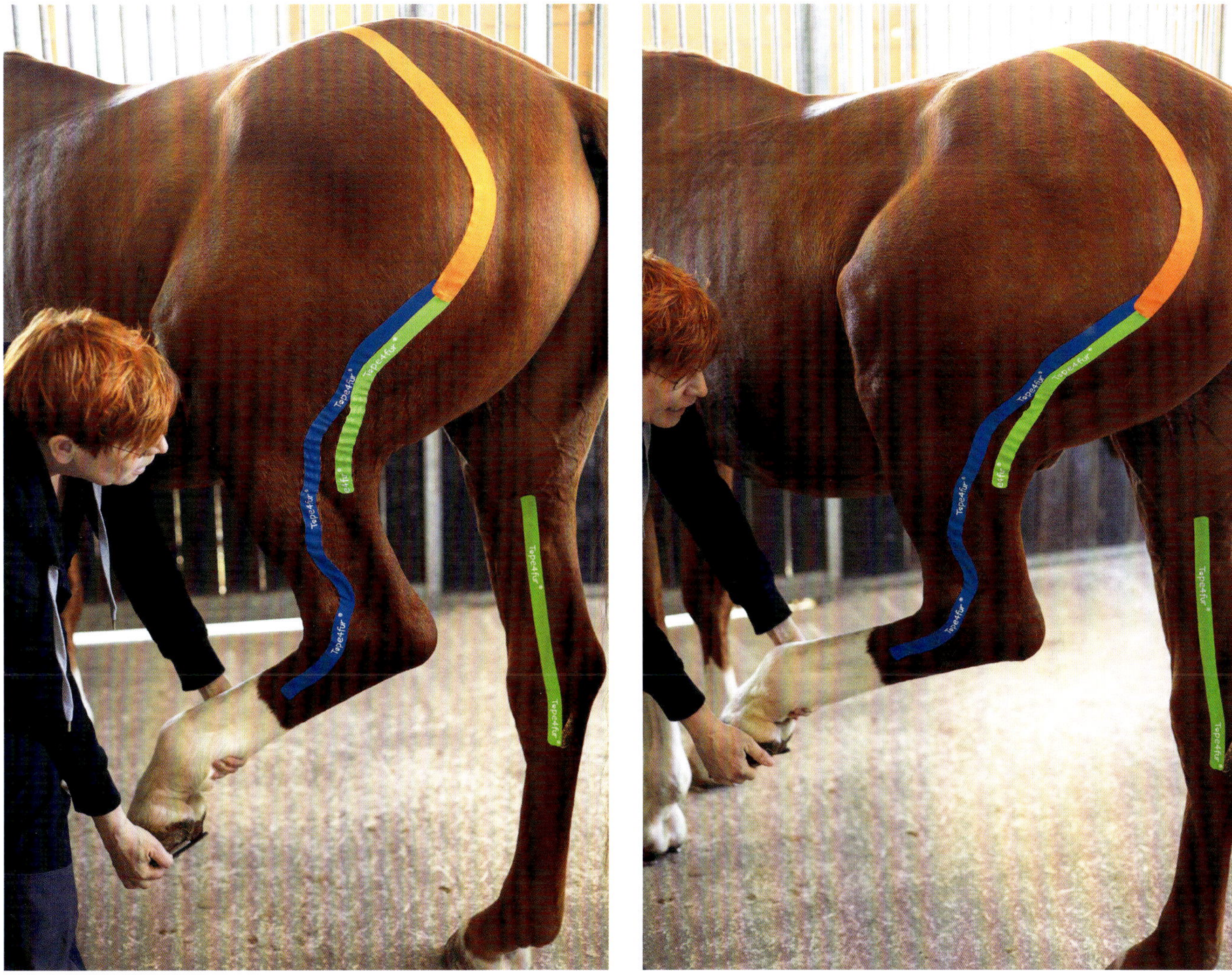

Erweist sich der Test als positiv auf eine Nervenläsion des *N. ischiadicus*, wird zunächst das angrenzende Gewebe mit verschiedenen neurofaszialen Techniken gelöst, um dann über Mobilisationen den Nerv im Fasziengewebe wieder gleit- und dehnfähig zu machen. *Fotos: Marie Schade*

den *Musculus quadratus femoris*, die *Musculi gemelli* und den *Musculus obturatorius internus.* Er teilt sich beim Pferd auf Höhe der Hüftgelenkskapsel in den *Nervus fibularis* und den *Nervus tibialis.* Diese beiden verlaufen zunächst gemeinsam in einer Faszienhülle zwischen dem *Musculus biceps femoris* und dem *Musculus semitendinosus* in der Tiefe in Richtung Kniekehle, wo sie sich in zwei eigenständige Nervenverläufe trennen. Der *Nervus fibularis* versorgt die Außenseite und die Strecker der Hintergliedmaßen, während der *Nervus tibialis* die Innenseite und die Beuger versorgt.

Der *Nervus ischiadicus* wird am häufigsten bei Beckenfrakturen in Mitleidenschaft gezogen, kann aber auch durch Injektionen in die Oberschenkelmuskulatur irritiert werden. Ebenso können Probleme im *N. ischiadicus* durch Blockaden der letzten Lendenwirbel, Fehlstellung des Sacrums oder des Beckens ausgelöst werden. Auch Muskelhartspann oder Faszienverklebungen im Bereich der Kruppe und des Oberschenkels können dazu führen, dass der Nerv nicht mehr frei im Gewebe gleiten kann.

Der Ischiasnerv mit seiner Fortsetzung in *N. fibularis* und *N. tibialis* sorgt also, über die durch ihn angesteuerte Muskulatur, für Schubkraft und Streckung des Hüftgelenks. Bei einer Irritation des *N. ischiadicus* kommt es zu Kurztrittigkeit, verringerter Schubkraft, dem Abbrechen der caudalen Stemmbeinphase und, bei starker oder bereits länger andauernder Einschränkung des Nervs, zum Wegknicken der Hinterhand oder sogar zu deutlichen Lahmheiten.

Über die Rezeptoren, die in den Faszien eingebettet sind, kann mittels Therapie eine Information an das Nervensystem weitergeleitet werden. Neurofasziale Regulationstherapie ist also eine mechanische Informationsübertragung. *Foto: Diana Wahl*

Der Test sollte von ausgebildeten Therapeuten durchgeführt werden!

Test des Ischiasnervs

Nerven lassen sich testen, indem man sie in ihrem Verlauf auf Dehnung bringt (der geschlängelte Nerv wird dabei gerade gezogen). Für den Ischiasnervtest wird die Hintergliedmaße in Richtung Kopf geführt und die Beugung des Hüftgelenks getestet. Ist die Beugung des Hüftgelenks eingeschränkt, können Muskel-, Gelenk- oder Nervenprobleme die Ursache sein. Um Muskel- oder Gelenkprobleme auszuschließen, kann während des Tests die Spannung auf die Dura und das Rückenmark, die mit den peripheren Nerven in Verbindung stehen, erhöht werden. Wird bei Nachlassen der Spannung auf das Rückenmark die Beugung des Hüftgelenks deutlich leichter, handelt es sich mit großer Wahrscheinlichkeit um ein Problem im Verlauf des Nervs, da über das Nachlassen der Duraspannung auch der periphere Nerv entlastet wird. Ändert sich an dem Winkel der Hüftgelenksbeugung nichts, ist es wahrscheinlich ein Muskel- oder Gelenkproblem.

Wenn auch noch der *N. fibularis* und *N. tibialis* getestet werden sollen, muss zusätzlich das Kniegelenk gestreckt werden und das Fesselgelenk entweder in Flexion *(N. fibularis)* oder Extension *(N. tibialis)* eingestellt werden.

Eine Therapie, auch eine Faszientherapie, darf auf gar keinen Fall schmerzhaft sein, da Schmerz die Faszie zusammenzieht und sie verfilzen lässt. Auch Pferdebesitzer können die Faszien ihres Pferdes behandeln und so etwas für die peripheren Nerven tun. Nehmen Sie anstelle Ihrer Putzbürste vielleicht einfach einmal Ihre Hände, um den gesamten Pferdekörper sanft und flächig abzustreichen.

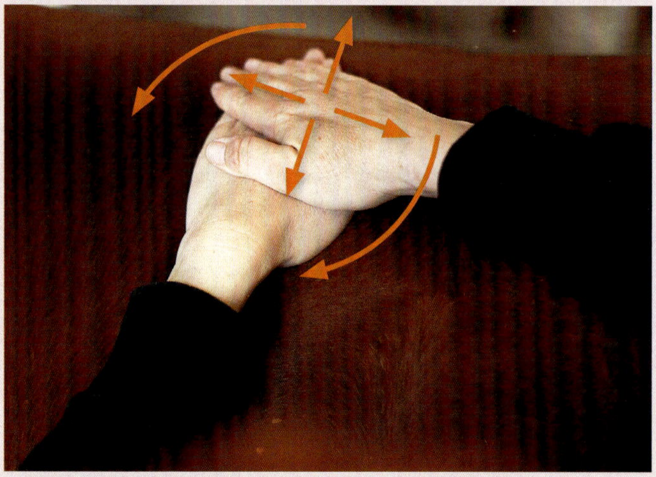

Myofasziale Verschiebungen an der Thorakolumbalfaszie.
Foto: Marie Schade

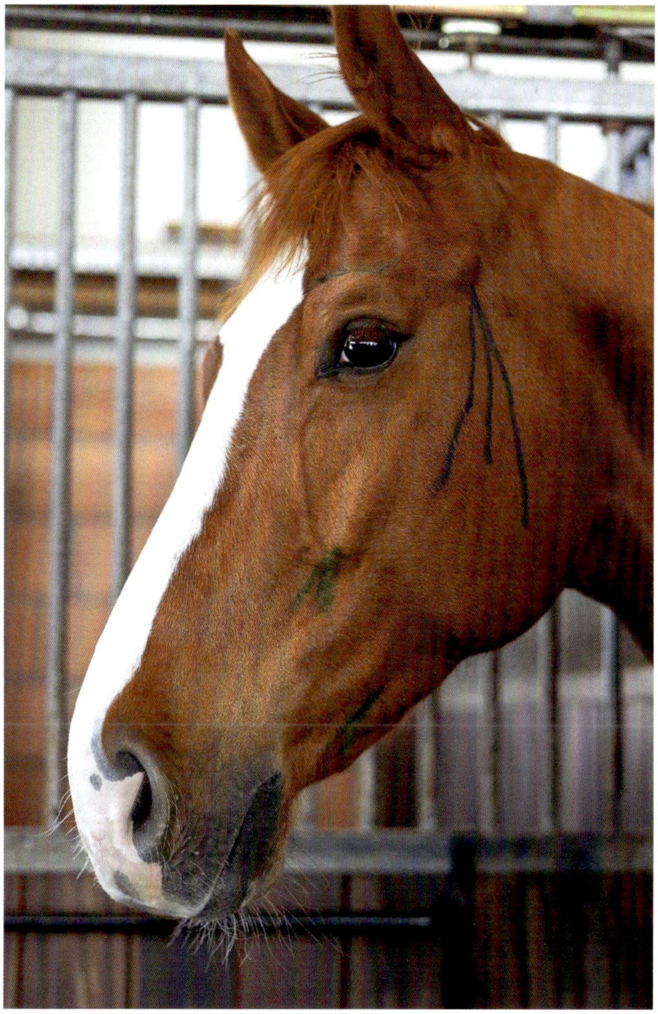

Viele Ausrüstungsgegenstände wie Halfter, Kappzaum und Trense liegen direkt auf den Nervenaustrittsstellen. Deshalb ist es besonders wichtig, hier auf guten Sitz und gute Polsterung zu achten. Der Nasen- und Sperrriemen darf auf keinen Fall zu eng zugezogen werden. Auch ein starkes oder plötzliches Ziehen an Halfter oder Trense sollte vermieden werden, um Druck auf die Nerven zu verhindern.
Foto links: Marie Schade, Foto rechts: Stephanie Reineke

Sie werden Bereiche finden, die sich vielleicht fest oder verquollen anfühlen. In diesen Bereichen führen Sie, mit der flach aufgelegten Hand, langsame Verschiebungen der Haut in alle Richtungen durch. Besonders häufig ist der Bereich hinter der Sattellage und der Übergang zwischen Rücken und Kruppe betroffen. Hier befindet sich die Thorakolumbalfaszie. Dort können Sie dann langsame, sanfte Verschiebungen der Faszie in Richtung Kopf, Richtung Schweif, zum Bauch hin und zur Wirbelsäule hin ausführen.

Die Nerven am Pferdekopf

Ein weiteres Beispiel für Nervenläsionen bietet sich am Pferdekopf. Der Trigeminusnerv mit seinen drei Nervenaustritten spielt eine große Rolle bei Headshakern. Aber auch der Faszialisnerv, der seitlich am Kopf verläuft, auf dem *M. masseter,* kann leicht irritiert werden und so Empfindlichkeiten oder sogar große Schmerzen am Kopf verursachen, die bis zur Unreitbarkeit führen können. Bei einer Lähmung des *N. fazialis* spricht man von einer Fazialisparese und es kommt zu einer halbseitigen Gesichtslähmung.

Sowohl die Äste des *N. trigeminus* wie auch die des *N. fazialis* laufen dicht unter der Haut und können von erfahrenen Therapeuten gut ertastet werden. Am Pferdekopf spielen die Dehnbarkeit und Gleitfähigkeit der Nerven keine so große Rolle wie zum Beispiel beim Ischiasnerv, da im Gesicht nicht so viele große Faszienverschiebungen durch Bewegungen stattfinden. Hier ist, neben

Foto: Marie Schade

Verletzungen und Zahnproblemen, Kompression von außen auf den Nerv die Hauptursache von Irritationen.

Vielleicht möchten Sie einmal selbst testen, ob die Kopffaszien Ihres Pferdes frei beweglich und elastisch sind? Dazu legt man die Hände zu beiden Seiten des Kopfes auf den Kaumuskel *(M. masseter)* flächig und sanft auf und spürt erst einmal, wie sich das Gewebe unter den Händen anfühlt. Eine gesunde Faszie sollte sich anfühlen wie ein Schwamm, der im Wassereimer schwimmt. Bei sanftem Druck sollte sie elastisch nachgeben, und bei Nachlassen des Drucks sollte die Faszie der Hand wieder geschmeidig entgegenkommen, wie der Schwamm, der im Wasser schwimmt und der bei Druck untertaucht und bei Nachlassen des Drucks, zusammen mit der Hand, wieder zur Oberfläche zurückkehrt. Auch sollte die Faszie sich gut zusammendrücken lassen (am Kopf bitte nur vorsichtig) und bei Nachlassen des Drucks sich sofort wieder entfalten können, wie der Schwamm im Wasser, den man ausdrückt und wieder loslässt.

Die Kopffaszie des Pferdes ist nicht elastisch und fühlt sich verklebt an? Dann führen Sie mit Ihren flächig aufgelegten Händen sanfte Verschiebungen der Faszie, die auf dem Kaumuskel liegt, aus. Das Pferd sollte dabei jederzeit entspannt und kooperativ bleiben. Verschieben Sie Ihre Hände im Zeitlupentempo, mit wenig Druck, in Richtung Ohren, Richtung Nüstern, Richtung Nasenbein und Richtung Kehle. Dies macht man fünf bis zehn Mal und testet dann erneut, wie sich die Faszie unter den Händen anfühlt. Diese Technik kann man nicht nur am Kopf, sondern am ganzen Pferdekörper anwenden. Da sie so sanft ist, wird sie von den Pferden in der Regel gut toleriert und entspannt nicht nur das Fasziengewebe, sondern auch das komplette Pferd durch die Senkung des Sympathikustonus.

Auch die Akupunktur ist eine hervorragende Behandlungsmöglichkeit bei Schmerzen im peripheren Nervensystem, denn in den Faszien befinden sich Kanäle und Spalten, durch die Blutgefäße und Nerven bis an die Oberfläche geleitet werden. Mehr als 80 Prozent dieser Öffnungen stimmen mit den klassischen Akupunkturpunkten überein. Das ist der Grund, weshalb auch Akupunktur einen positiven Einfluss auf die Faszien und Nerven hat.

In verschiedenen Studien (Richarz/Langevin) wurde nachgewiesen, dass das Fasziengewebe sich unter der Manipulation der Akupunkturnadel von straff gespannt wieder zu wellenförmig dehnbar umstrukturiert. Die physiologischen Crosslinks können so wiederhergestellt werden.

Faszientraining

Mindestens genauso wichtig ist viel freie Bewegung auf unterschiedlichen Untergründen, da die Faszien mit unzähligen Rezeptoren ausgestattet sind, die die Körperbewegungen an das Gehirn weiterleiten (Propriozeption). Hat das Pferd keinen Freilauf, kommt nicht auf die Koppel, steht den größten Teil seiner Zeit in der Box und wird ansonsten nur kontrolliert, eventuell sogar mit Ausbindern, auf einem gerade abgezogenen Untergrund bewegt, bekommen die Rezeptoren in den Faszien nicht mehr genügend Informationen, da sie nicht mehr ausreichend wechselnden Reizen ausgesetzt sind. Das propriozeptive System kann nicht mehr funktionell arbeiten und es kann zu Stolpern, Verletzungen oder sogar zu Stürzen kommen. Die Humanmedizin hat dafür den Begriff „sensomotorische Amnesie" geprägt, da dieses Krankheitsbild auch häufig bei alten Menschen, die sich nicht mehr ausreichend bewegen, auftreten kann.

Fazit: Nerven brauchen gesunde Faszien, um gut funktionieren zu können, und Faszien brauchen viel abwechslungsreiche Bewegung und eine gute Versorgung, um elastisch und voll funktionell zu sein. Kompression, Stress, Schmerz und unzureichende Bewegung schaden den Faszien und dem gesamten Nervensystem.

Stephanie Reineke ist zertifizierte Pferdephysiotherapeutin, zertifizierte Hundeosteotherapeutin und zertifizierte TCM-Veterinärakupunkteurin mit eigener Praxis in Warburg/NRW. Ihr Praxisschwerpunkt liegt auf der klassischen TCVM, der chinesischen Phytotherapie und der Osteopathie in Verbindung mit Problemen im peripheren Nervensystem. Seit 2019 bildet sie an ihrem „Ausbildungszentrum für TCVM und Akupunktur" Veterinärakupunkteure aus. Deutschlandweit bildet sie Kollegen in der „Neurofaszialen Regulationstherapie®" fort. Im Juni 2022 erschien ihr Buch „TCM-Diagnostik in der Veterinärmedizin". Auf ihrem YouTube-Kanal gibt es einige Videos mit Erklärungen zur TCM-Diagnose und den verschiedenen Akupressurpunkten.
www.pferdephysio-sr.de

Buchempfehlung

Vertrauen stärken

mit Tellington Training

Wissen Sie, was Wolken-Leopard, Liegender Leopard, Muschel-, Python-Touches sind? Nein? Sie sind von Linda Tellington-Jones entwickelte Touches, also Berührungen, die die Verbindung und das Vertrauen zwischen Mensch und Pferd stärken sollen. In ihrem neuen Werk führt Linda Tellington-Jones Schritt für Schritt in die Anwendung der TTouches ein. Zu Beginn erklärt sie, welche Auswirkungen die TTouches auf die Beziehung Mensch und Pferd und die Gesundheit des Pferdes haben können. Dann werden die neun Grundlagen zusammengefasst, die essenziell für die Arbeit mit den TTouches sind. Wichtig dabei ist es, die Elemente zu verinnerlichen, denn diese bilden die Basis für die Anwendungen. Dabei geht es um die Ausführung des Basiskreises, die Druckstärke, die Geschwindigkeit, achtsame Pausen, Verbindung der TTouches, die Körperposition des Menschen, die bewusste Atmung, die respektvolle Absicht und das Feedback, das die Pferde geben. Jede Anwendung der jeweiligen TTouches wird mit Fotos von Pferden unterlegt, und es wird detailliert erklärt, wie das Pferd die Anwendung annimmt. Auch der Einsatz der Ausrüstung wie Halfter, Führleine und Gerte wird erklärt, im Falle, dass das Pferd beim „Touchen" nicht frei stehen kann.

Nach den TTouches am stehenden Pferd geht es mit der Tellington-Bodenarbeit weiter. Ausgangspunkt ist das harmonische Führen und wie man in das Führtraining und den Lernparcours einsteigt. Jede Führposition wird genau beschrieben, wozu die Übung dient, wie sie geht und welche Hilfsmittel man nehmen kann. Das Training mit Brett und Wippe, im Stangenparcours sind genauso erklärt wie das Training mit Plastikfolie, Hütchen und Poolnudeln. Bei den meisten Übungen gibt es auch Zeichnungen, die zusätzliche Informationen zur Übung beinhalten. Auch der Einsatz von elastischen Körperbändern, die Unsicherheit und Angst abbauen helfen, wird erklärt. Eine Checkliste mit Problemaufstellungen und Lösungsvorschlägen ergänzen den Ratgeber.

Fazit: Die Grande Dame Linda Tellington-Jones hat seit den 1980er-Jahren versucht, mit ihren TTouches das Vertrauen zwischen Pferd und Mensch zu vertiefen. Sie ist auf vielen internationalen Messen unterwegs mit ihrer Mission, Pferden zu helfen und Menschen die Seele und Bedürfnisse der Pferde näherzubringen. Das Buch ist an alle Pferdebesitzer gerichtet, die eine innige und glückliche Beziehung zu ihrem Pferd über Berührungen und Vertrauen erreichen wollen. Schon die Einführung mit Lindas Philosophien ist ein Labsal für jeden Pferdefreund. Das Buch sollte in keiner Bibliothek fehlen. Absolut lesens- und anwendungswert!

Vertrauen stärken mit Tellington Training
von Linda Tellington-Jones
144 Seiten, farbige Abbildungen
Kosmos Verlag
ISBN: 978-3-440-17532-3
€ 24,00 (D)

Harrys Welt

Ohne Schlaufzügel

„Dann dauert die Ausbildung eben länger“

Als ich noch Schulpferd war, haben sie mich ständig mit einem Schlaufzügel traktiert, damit die Reitschüler es angeblich „leichter“ haben. Immer wenn ein Reitschüler mir in den Rücken fiel, drückte ich ihn instinktiv durch, um dem Druck zu entgehen. Dafür gab es daraufhin einen schmerzhaften Ruck über das Gebiss in meinem Maul. Auch wenn ich etwas das Gleichgewicht verlor, weil ein Reitschüler schief saß, wurde das gleich mit einem Schlag auf das Gebiss quittiert. Zwar hatte ich ohnehin schon „Hornhaut“ in meinem Maul, aber es war doch immer wieder unangenehm. Abends hatte ich oft Rückenschmerzen, die bis in die Hinterhand reichten.

Als mich mein Mensch endlich aus der Reitschule erlöste, indem er mich kaufte, hatte der Schlaufzügel erst einmal ausgedient – dachte ich. Leider war mein Mensch am Anfang noch sehr ehrgeizig und wollte ein stolzes Dressurpferd aus mir machen. Das mit dem Stolz war kein Problem – stolz war ich als Haflinger ohnehin, aber das mit dem Dressurpferd hat dann über zwei Jahre gedauert, bis ich ihm das ausgetrieben hatte. Ich habe ihm klargemacht, dass wir im Gelände unsere gymnastischen Übungen viel entspannter machen können als in einer Reithalle mit übereifrigen Reitlehrern – so weit war er jedoch noch nicht. Erst einmal bekam ich einen ordentlichen Beritt. Mein Mensch war zwar immer guten Willens, jedoch ein miserabler Reiter. Also wurde ich mehrmals die Woche von einer „erfahrenen Reiterin“ geritten, die allerdings vom Ehrgeiz (anstatt vom Herzen) getrieben war, und wenn ich nicht sofort auf ihre Hilfen reagierte, spürte ich die Gerte. Nach einigen Wochen verweigerte ich ihr meinen Gehorsam, indem ich mich mitten in die Dornenhecke am Rande unseres Reitplatzes stellte. Die Vorderhand war auf der einen Seite der Hecke und die Hinterhand auf der anderen Seite. Kein Gertenhieb konnte mich auf die eine oder andere Seite treiben. Da musste ich jetzt durch und ertrug einen Hieb nach dem anderen. Am Ende musste die Dame inmitten der Dornenhecke absteigen. Damit war das Kapitel Beritt beendet.

Wenn mein Mensch verhindert war, wurde ich von einer Reitbeteiligung betreut und geritten, die auch regelmäßig Reitunterricht nahm. Die Reitlehrerin war eine vom alten Schlag – streng und mit schriller Kommandostimme. Und wieder wurde mir im Maul gerissen und die Reitbeteiligung fiel mir in den Rücken, ich nahm den Kopf hoch, drückte den Rücken durch und sie verlor oft das Gleichgewicht. Ich eierte dann ein wenig herum. Und was bekam ich? Schlaufzügel! Damit hätte es die Reitschülerin etwas leichter, war die Begründung. Leider war mein Mensch nicht dabei und ich wünschte mir nichts sehnlicher, als nur mit ihm zu reiten. Eines Tages tauchte er unerwartet zur Reitstunde auf und sah mein Elend. Er war sehr erbost und herrschte Reitschülerin und Reitlehrerin an: „Sofort absteigen und Schlaufzügel weg!“
„Dann dauert die Ausbildung des Pferdes eben länger“, entgegnete sie.
„Dann dauert es eben länger“, war seine Antwort.

Den Tonfall kannte ich von meinem Menschen noch gar nicht. Er bezahlte der Reitlehrerin die Reitstunde, und damit waren die Themen Reitbeteiligung und Schlaufzügel endgültig beendet.

Natürlich hat mein Mensch mich weiter ausgebildet. Er hatte sich viele Videos angeschaut und Bücher gelesen. „Der Druck auf das Gebiss sollte nicht höher als das Gewicht des Zügels sein“, hatte einmal ein bekannter Ausbilder zu ihm gesagt. Das gefiel uns beiden. Ich konnte nach einem halben Jahr sehr schön meinen Hals wölben. Mein Mensch hat meinen Zügel nur kurz „angezippt“ und dabei ein wenig gezittert. Das war für mich das Zeichen, dass ich meinen Hals wölben sollte. Das habe ich dann gern getan, und meiner Rückenmuskulatur tat es auch noch gut. So erzieht man sich seinen Menschen!

Euer Harry

Wer Fragen, Anliegen oder Wünsche hat, kann mir unter harry@naturalhorse.de eine Mail schreiben.

Impressum

Natural Horse
Über den achtsamen Umgang mit Pferden
Friedrichsruher Weg 33
D-21465 Wentorf bei Hamburg
info@naturalhorse.de

erscheint in der Crystal Verlag GmbH
Friedrichsruher Weg 33
D-21465 Wentorf
Tel.: +49 (0)40 710 015 68
info@crystal-verlag.com

Herausgeber
Hans J. Schmidtke

Chefredaktion
Martina Kiss

Autoren dieser Ausgabe
Dr. Sabine Barth, Ralf Döringshoff, Yve Ehler, Kirsten Fleiser, Dr. Christina Fritz, Martina Kiss, Sandra Kitzmüller, Elke Malenke, Harry Piaffe, Alexandra Rieger, Janna Strehlau, Lukas Umbach

Layout und Grafik
Eva Lakas Dipl. Des. (FH) | Berlin

Covermodel
Amar, Araber

Coverfoto
Christiane Slawik, www.slawik.com

Pressevertrieb
PressUp GmbH, 22013 Hamburg

Abonnements
Natural Horse Leserservice
PressUp GmbH
Postfach 70 13 11
22013 Hamburg
Tel.: +49 (0)40 38 6666-317
Fax: +49 (0)40 38 6666-299
abo@naturalhorse.de

Einzelhefte
Crystal Verlag GmbH
Friedrichsruher Weg 33
D-21465 Wentorf
info@naturalhorse.de

Medienberatung
Crystal Verlag GmbH
Friedrichsruher Weg 33
D-21465 Wentorf
media@crystal-verlag.com

Druck
Grafisches Centrum Cuno, Calbe